WISSENSCHAFTLICHE BEITRÄGE AUS DEM TECTUM VERLAG

Unterreihe Theologie

Band 1

Gibt es einen dritten Weg zwischen Pluralismus und Fundamentalismus?

Wissenschaftstheoretische, philosophische und
fundamentaltheologische Überlegungen zur Problematik von
Letztbegründung und Letztgültigkeit

von

Karsten Kreutzer

Tectum Verlag
Marburg 1999

Die Deutsche Bibliothek - CIP-Einheitsaufnahme

Kreutzer, Karsten:
Gibt es einen dritten Weg zwischen Pluralismus und Fundamentalismus?
Wissenschaftstheoretische, philosophische und fundamentaltheologische
Überlegungen zur Problematik von Letztbegründung und Letztgültigkeit.
/ von Karsten Kreutzer
- Marburg : Tectum Verlag, 1999
ISBN 3-8288- 8006-1

© Tectum Verlag

Tectum Verlag
Marburg 1999

In Liebe und Dankbarkeit

meinen Eltern

Annemarie-Christa und Hans-Georg Kreutzer

"Oder, falls etwa auch, Eingang findende, Formeln und Wendungen für eine solche Anweisung zu entdecken wären; wie sollte man die Begierde, auf dieselbe nur einzugehen, erwecken, da, wo mit größerem Beifalle, denn jemals, die Verzweiflung am Heil als das einzig mögliche Heil, und die Einsicht, daß die Menschen nichts seien, als das Spiel eines mutwilligen und launigen Gottes, als die einzige Weisheit, herumgeboten wird; und wo derjenige, der noch an Sein, Wahrheit, Feststehen und Seligkeit in diesen, glaubt, als ein unreifer, und mit der Welt durchaus nicht bekannter Knabe verspottet wird?"

(J. G. Fichte in einer Einschätzung der Haltung seiner Zeit)

"... so jemand, sage ich, nicht zur Einsicht jener Elemente aller Erkenntnis kommt, so kommt derselbe auch nicht zum *Denken*, und zur wahren innern Selbständigkeit des Geistes, sondern er bleibt anheim gegeben dem *Meinen*, und ist, alle die Tage seines Lebens hindurch, gar kein eigner Verstand, sondern nur ein Anhang zu fremdem Verstande;"

(beide Zitate sind entnommen aus: J. G. Fichte, Die Anweisung zum seligen Leben)

Inhaltsverzeichnis

Vorwort *11*
Vorwort zur Buchveröffentlichung *13*

1. Zeitgeschichtliche Plattform: Die Moderne/Postmoderne 15
1.1 Begriffsanalyse und Vorbemerkung zur Vorgehensweise 15
1.2 Philosophisch betrachtet: Radikale Pluralität statt Einheit als Grundkategorie Lyotards 16
1.2.1 Negative Postmodernedefinition: Das Ende der Metaerzählungen 17
Exkurs: Wittgensteins Sprachspielkonzeption 18
1.2.2 Positive Postmodernedefinition: Irreduzible Vielfalt 19
1.2.3 Legitimation qua Differenz 20
1.3 Soziologisch betrachtet: Individualisierung der Lebenslagen 22
1.4 Was bleibt also - zwischen Pluralismus und Fundamentalismus? 25

2. Die philosophische Problematik von 'Letztbegründung' und 'Letztgültigkeit' 29

2.1 Paul K. Feyerabend - 'Anything goes' 32
2.1.1 Problemaufriß - Was bedeutet Feyerabends 'Anything goes'? 32
Exkurs zur aristotelischen Wahrnehmungstheorie 33
2.1.2 Regelpluralität oder methodologischer Pluralismus - Feyerabend ein wissenschaftstheoretischer Anarchist? 35
2.1.3 Situationswahrheiten statt 'die' Wahrheit 37
2.1.4 Erläuterungen zum Kritischen Rationalismus 39
2.1.4.1 Falsifizierbarkeit statt Verifikation 39
2.1.4.2 Hans Albert: Kritizismus statt letzte Begründung 40
2.1.4.3 Wahrheitsbegriff und Realitätsverständnis 42
2.1.4.4 Imre Lakatos: Konkurrenz von Forschungsprogrammen 44

2.1.5 Feyerabends Frontstellung zum Kritischen Rationalismus als Ausgangspunkt der Ablehnung von Vernunft 45

2.1.6 Anarchistische Erkenntnistheorie? 47

2.2 Jürgen Habermas' universalpragmatische Begründung kommunikativer Vernunft 50

2.2.1 Programmatischer Aufriß: Einheit von Erkenntnis und Interesse 50

2.2.2 Wider Positivismus und universale Hermeneutik 51

    2.2.2.1 Gegen eine Verkürzung von Rationalität zu instrumenteller Vernunft 51

    2.2.2.2 Wider den Universalitätsanspruch hermeneutischen Verstehens 53

2.2.3 Rationalität und Entscheidung als Grundlage 'Kritischer Theorie' 55

2.2.4 Konsenstheorie der Wahrheit 57

    2.2.4.1 Abgrenzung von anderen Wahrheitsdefinitionen 57

    2.2.4.2 Die Logik des Diskurses 59

    2.2.4.3 Die ideale Sprechsituation als normative Grundlage 60

    ... des Diskurses 60

    ... kommunikativen Handelns überhaupt 61

2.2.5 Universalpragmatik 63

    2.2.5.1 Abgrenzung von der Transzendentalphilosophie 63

    2.2.5.1 Der philosophische Status kommunikativer Vernunft 64

2.3 Karl-Otto Apel: Letztbegründung qua Transzendentalpragmatik 67

2.3.1 Der philosophische Horizont: Transzendentalphilosophisches Denken 67

2.3.2 Erkenntnisanthropologische Transformation der Transzendentalphilosophie 68

    2.3.2.1 'Das Leibapriori der Erkenntnis' (1963) 68

    Exkurs zu Apels 'Apriori'-Verständnis 71

    2.3.2.2 Erkenntnisleitende Interessen 72

2.3.3 Transzendentalpragmatische Transformation der Transzendentalphilosophie ... 73

2.3.4 Reflexive Letztbegründung statt Kritizismus 77

2.3.5 Der philosophische Status der Transzendentalpragmatik 80

3. Hansjürgen Verweyens erstphilosophischer Entwurf eines letztgültigen Sinnbegriffs *83*

3.1 Die gegenseitige Verwiesenheit von Hermeneutik und Erster Philosophie 84

3.2 Die Basis der Erstphilosophie: apodiktische Sicherung des Ich und die Unbedingtheitsstruktur der Vernunft 86

    3.2.1 Ausgang bei der zweiten cartesischen Meditation 86

    3.2.2 Vernunftprägung durch die Idee unbedingter Einfachheit 87

    3.2.3 Die Elementarstruktur der Vernunft als universale Sinnfrage 89

3.3 Der Bildbegriff als Begriff letztgültigen Sinns 90

    3.3.1 Rational-immanente Auflösung scheinbarer Absurdität 90

    3.3.2 'Anerkennung als Erscheinung des Absoluten' 93

4. Fundamentale Gewißheit statt Fundamentalismus und Pluralismus *98*

Abkürzungsverzeichnis *100*

Literaturverzeichnis *101*

Vorwort

Die Motivation zu dieser Arbeit war von Anfang an eine ausgesprochen biographische. Es liegt bereits drei Jahre zurück, daß mir damals, noch in der Anfangsphase meines Theologiestudiums in Trier, die vorgetragenen klassisch-metaphysischen Argumentationsfiguren zum Aufweis Gottes nicht mehr schlüssig und gangbar erschienen. Seit dieser Zeit begleitet mich eine intensive, teilweise sehr existentielle Suche nach nichtmetaphysischen Begründungsfiguren meines christlichen Gottesglaubens, die mir eine unhintergehbare Gewißheit erlauben.
Diese Suche führte mich geographisch über Wien nach Freiburg und sachlich von der Auseinandersetzung mit Rahnerscher Theologie zum Denken Hansjürgen Verweyens. Ihm sei an dieser Stelle bereits herzlich gedankt, da mir das fundamentaltheologische Studium in seinem 'Stall' den nötigen Selbststand zur sachlichen Auseinandersetzung mit den geistigen Strömungen unserer Zeit zurückgegeben hat. Ohne ihn wäre mein eigenes Fragen sehr viel diffuser und verworrener geblieben.
Diese Arbeit versucht, den Gottesgedanken im Durchgang durch wissenschaftstheoretische und philosophische Problemstellungen im Umfeld der Frage nach letzter Begründung einzuholen. Inspiriert ist sie von dem Gedanken, daß dies nur durch eine Sicherung der autonomen Vernunft und des Subjektes möglich ist.
Den konkreten Anlaß für eine Beschäftigung dieser Art bildete eine zweifache Erfahrung. Einerseits wurde mir in manchen Gesprächen innerhalb meines Freundeskreises deutlich, daß wir Christen in unserer gegebenen unüberschaubaren und pluralistischen Welt den Verlockungen fundamentalistischer Argumentationsabbruchs leicht erliegen, wenn wir nicht zu einer tiefen, begründeten Überzeugung und Einsicht in unseren Glauben gelangen. Allzu schnell entsteht eine angstbesetzte Haltung, die ich auch bei mir selbst beobachten mußte, die die wirkliche Auseinandersetzung mit dem/der Andersdenkende(n) scheut.
Die zweite Erfahrung ist meine Einschätzung der großkirchlichen Situation. Viel zu oft wird auf Tradition und Autorität zurückgegriffen, ohne um Einsicht in die Sache, d.h. die Mitte des Glaubens zu ringen, und auf diese Weise der argumentative Dialog nach innen und nach außen verweigert. Das hat seine Gründe, und die haben direkt mit der mangelnden Überzeugung von der eigenen Sache zu tun, wenn man einmal von machtpolitischen Erwägungen absieht. Vielleicht kann selbständiges Denken und autonome Einsichtnahme, denen ich mich verpflichtet weiß, dadurch daß Angst vor der Unübersichtlichkeit abgebaut wird, dazu beitragen, auch im

binnenkirchlichen Raum eine offenere und dialogischere Atmosphäre zu schaffen.

Mein Dank gilt Professor Verweyen, der mir mit fachlichem Rat und Ermutigung zur Seite stand. Danken möchte ich auch meinen Freunden, die immer wieder anstrengenden und fordernden Gesprächen ausgesetzt waren und wahrscheinlich auch sein werden, sowie meinem ersten Philosophielehrer und geistigen Vater aus Trierer Tagen, Professor Albert Franz, der vieles von dem, was sich mir heute zeigt, auf den Weg gebracht hat.

Mein besonderer Dank aber gilt meinen Eltern, die mir immer wieder ihre finanzielle und seelische Unterstützung zuteil werden ließen und durch ihre geistige Offenheit und unkomplizierte Christlichkeit den Boden bereiteten, auf dem ich heute stehe. Ihnen sei diese Arbeit auch gewidmet.

Freiburg, im Juni 1995   Karsten Kreutzer

Vorwort zur Buchveröffentlichung

Der Abschluß vorliegender Arbeit liegt nunmehr dreieinhalb Jahre zurück. Wesentliches hat sich nach meiner Auffassung an der hier skizzierten philosophischen Landschaft nicht verändert. Daher glaube ich mich berechtigt, dem Leser meine Gedanken in der ursprünglichen Fassung zumuten zu können. Allein die fundamentaltheologische Diskussion um den Denkansatz Hansjürgen Verweyens ist inzwischen stärker in Gang gekommen (Vgl. dazu die sogenannte Streitschrift: Hoffnung, die Gründe nennt. Zu Hansjürgen Verweyens Projekt einer erstphilosophischen Glaubensverantwortung, hg. von G. Larcher, K. Müller, T. Pröpper, Regensburg 1996, sowie Verweyens Replik: Botschaft eines Toten? Den Glauben rational verantworten, Regensburg 1997). Eine Einarbeitung dieser Auseinandersetzung hätte allerdings das Kapitel drei grundlegend erweitert und die ursprüngliche Intention verstellt, Verweyens Denken als Erwiderung auf die von Popper, Habermas und Apel her aufgeworfene Problemstellung darzubieten. Somit ist also auch das fundamentaltheologische Kapitel in seiner ursprünglichen Form belassen.
Lediglich Format und Seitenumbruch sind gegenüber der Mikrofiche-Fassung verändert. Formale Fehler wurden korrigiert.
Dem Erzbistum Freiburg danke ich für die freundliche Gewährung eines Druckkostenzuschusses zur Buchveröffentlichung.

Freiburg, im November 1998　　　　　　　　　　　　　　　　Karsten Kreutzer

1. Zeitgeschichtliche Plattform: Die Moderne/Postmoderne

1.1 Begriffsanalyse und Vorbemerkung zur Vorgehensweise

Ein fundamentaltheologisches Denken, das sich zum Ziel setzt, Fundamente des christlichen Glaubens zu erarbeiten, um christlicher Existenz im Heute einen festen Boden zu verleihen, der vor dem Forum der kritischen Vernunft standhält, das sich in seiner Suche folglich dem Programm der 'fides quaerens intellectum'[1] des Anselm von Canterbury und darüber hinaus einer sinnkritischen Sicherung des Gottesgedankens überhaupt verpflichtet weiß, tut gut daran, sich zunächst einmal dieses Forums der Vernunft im ausgehenden 20. Jahrhundert zu vergewissern, bevor es zu Antworten schreitet. Denn die Gefahr ist groß, daß die Theologie im Namen des Glaubens Antworten produziert, die an den situationsbezogenen, durch die soziokulturellen und geistesgeschichtlichen Vorgaben unserer Zeit und Welt bedingten Fragestellungen und Infragestellungen der Menschen vorbeigehen und daher kein Gehör mehr finden.

Kennzeichen der geisteswissenschaftlichen Diskussion der letzten Jahre und Jahrzehnte ist eine zunehmende Kritik an den Ideen und Idealen, die seit der Aufklärung unsere moderne westliche Welt geprägt hatten. Ein neues Stichwort ist in Kreisen der künstlerischen und intellektuellen Avantgarde groß in Mode gekommen. Es ist die Rede von der sogenannten Postmoderne, oder auch von Postmodernität bzw. Postmodernismus.

Es ist hier nun nicht der Ort, den unterschiedlichen Schattierungen dieses Begriffs und seiner Entstehung in Literatur, Kunst, Architektur und Philosophie nachzugehen.[2] Eine kurze Skizzierung in Hinblick auf den Terminus Moderne, von dem er sich durch das Präfix 'post' absetzt, scheint allerdings lohnenswert, bevor in diesem Einleitungskapitel untersucht wird, welche Bedingungen und Strömungen auf den heutigen Menschen einwirken und welches die Herausforderungen sind, die die Postmoderne bzw. Moderne an ihn stellen.

---

[1] Vgl. z.B. Anselm v. Canterbury, Proslogion, lateinisch-deutsche Ausgabe, Cap. I, 82-84. Die gesamte Schrift trug ursprünglich diesen programmatischen Titel. Vgl. dazu Schmitts Einführung zu Anselm v. Canterbury, Proslogion, lateinisch-deutsche Ausgabe, 12.
[2] Eine ausführliche Genealogie des Begriffs liefert Welsch, Unsere postmoderne Moderne (UpM), 9-44.

Nach Wolfgang Welsch bezeichnet der Ausdruck Postmoderne keinen Epochenanspruch im Sinne einer Nachmoderne[3], sondern die Auseinandersetzung um die Utopien und Potentiale der Moderne. Für Welsch ist die Postmoderne "die exoterische Einlösungsform der einst esoterischen Moderne dieses Jahrhunderts"[4]. Jürgen Habermas rekurriert hingegen von einer dezidiert modernen Position auf die uneingelösten Potentiale der Moderne und vertritt die Auffassung, daß das Reden vom Ende der Moderne und vom Anbruch der Postmoderne unbegründet sei.[5]
Die sogenannten Postmodernen stuft er als Neokonservative unterschiedlicher Couleur ein.[6] Resümierend läßt sich jedenfalls sagen, daß sich die Postmoderne in Auseinandersetzung und Abgrenzung zur Moderne definiert. Weder eine epochale noch eine geistige Abgrenzung ist eindeutig möglich. Vielmehr soll mit Hans Joachim Türk die Auffassung vertreten werden, daß das entscheidende Kennzeichen postmodernen Lebens und Denkens, die Pluralität aller Werte, Normen, Denk- und Handlungsformen, bereits in der avantgardistischen Moderne angelegt ist und daß die Postmoderne diese Vielfalt als nicht mehr auslöschbare Signatur heutigen und zukünftigen Lebens betrachtet.[7]
In der nun folgenden Skizze soll dieser Diagnose der Pluralität unter philosophischen und soziologischen Gesichtspunkten nachgegangen werden, um so eine Plattform zu erstellen, auf deren Grundlage schließlich die eigentliche philosophische und fundamentaltheologische Arbeit der Legitimierung vernünftiger Aussagen zu Vernunft und Glauben, Mensch und Gott, Philosophie und Theologie ansetzen kann.

1.2 Philosophisch betrachtet: Radikale Pluralität statt Einheit als Grundkategorie Lyotards

Ein philosophisch ausgearbeitetes Konzept postmodernen Denkens entstand erst 1979, als der französische Philosoph Jean-François Lyotard eine Schrift mit dem Titel 'La condition postmoderne', auf deutsch 'Das postmoderne Wissen' publizierte.[8] Allerdings hatte Michel Foucault bereits

---

[3] Vgl. a.a.O., 1.
[4] Welsch, Einleitung, 2.
[5] Vgl. Habermas, Die Krise des Wolfahrtsstaates und die Erschöpfung utopischer Energien, 145.
[6] Vgl. ders., Die Moderne - ein unvollendetes Projekt, 191f.
[7] Vgl.Türk, Postmoderne, 115.
[8] Vgl. Welsch, UpM, 31.

1970 in seiner Inauguralvorlesung am Collège de France das Programm seiner Philosophie vorgelegt, in der er das Subjekt wie auch das Wahrheitsstreben als Ver-knappungsmechanismen des Diskurses kennzeichnete und um des uneinholbaren Ereignis-charakters des Diskurses willen ablehnte.[9] Ähnlich wie Michel Foucault, Jacques Derrida u.a. läßt sich auch Lyotard zur sogenannten 'nouvelle philosophie' in Frankreich rechnen, die sich aus einer poststrukturalistischen Replik auf den französischen Strukturalismus speist und deren Vertreter fast ausnahmslos Konvertiten der modernen Geisteswelt sind.[10] Da 'Das postmoderne Wissen' das wohl inzwischen bekannteste Buch der philosophischen Postmoderne-Diskussion ist[11], wird an dieser Stelle ausschließlich auf Lyotards Ansatz sowie die Ausführungen Welschs, seines wohl kompetentesten Interpreten im deutschsprachigen Raum, zurückgegriffen.

1.2.1 Negative Postmodernedefinition: Das Ende der Metaerzählungen

Lyotards eigenen Angaben zufolge entstand 'Das postmoderne Wissen' als eine "Gelegen-heitsarbeit" im Auftrag des Universitätsrates der Regierung von Québec und stellt einen Bericht über das Wissen in den höchst entwickelten Industriegesellschaften dar.[12] Seine Aus-gangsfrage lautet, welche Veränderungen für das Wissen zu erwarten sind angesichts der technologischen Entwicklung, die zu einer "Informatisierung der Gesellschaft"(DpW,30) geführt habe. Lyotards These besagt, daß eine "Veräußerlichung des Wissens" zu erwarten ist, wenn Erkenntnis aufgrund der Computerisierung der Gesellschaft zunehmend in Informations-quantitäten übersetzt, und das alte aufklärerische Ideal der Einheit von Wissen und Bildung der Person aufgelöst wird.[13]
Damit stellt sich in der postmodernen Situation die Frage nach der Legitimierung des Wissens völlig neu. Während die Moderne nach Lyotard dadurch gekennzeichnet war, daß es zwei große Legitimierungserzählungen für das Wissen gab, die jeweils versuchten, die Vielfalt von einer Einheitskonzeption her zu denken - philosophisch ist der spekulative Geist

---

[9] Vgl. Foucault, Die Ordnung des Diskurses, 32f.
[10] Vgl. Türk, Postmoderne, 74. Eine kurze Einführung in die Entstehungsgeschichte der 'nouvelle philosophie' liefert ders., a.a.O., 68-74.
[11] Vgl. Welsch, Einleitung, 12.
[12] Lyotard, Das postmoderne Wissen (DpW), 17.
[13] Vgl. DpW, 23f.

und politisch die Emanzipation des Volkes gemeint[14] -, so hat nach seiner Diagnose in der gegenwärtigen Gesellschaft und Kultur die "große Erzählung [...] ihre Glaubwürdigkeit verloren, welche Weise der Vereinheitlichung ihr auch immer zugeordnet wird"(DpW, 112). Welsch interpretiert dieses Ergebnis folgendermaßen: "Modernes Wissen hatte je die Form der Einheit, und diese Einheit war durch den Rückgriff auf große Meta-Erzählungen zustande gekommen [...]: die Emanzipation der Menschheit (in der Aufklärung), die Teleologie des Geistes (im Idealismus) und die Hermeneutik des Sinns (im Historismus). Die gegenwärtige Situation hingegen ist dadurch gekennzeichnet, daß diese Einheitsbande hinfällig geworden sind, und zwar nicht nur den genannten Gehalten, sondern ihrer ganzen Art nach."[15] Lyotard faßt formelhaft zusammen, was er unter Postmoderne versteht: "Bei extremer Vereinfachung hält man die Skepsis gegenüber den Metaerzählungen für „postmodern"."(DpW, 14)

Im Hintergrund dieser negativen Postmodernedefinition vom Ende der Legitimierungsfunktion aller Metaerzählungen steht die These, daß es keine universelle Metasprache gibt, das heißt, daß weder die Philosophie einen legitimierenden Metadiskurs der positiven Wissenschaften darstellt[16], noch die Wissenschaft die anderen Lebensbereiche zu legitimieren in der Lage ist, wenn Kants Aufspaltung der Vernunft in theoretische und praktische vorausgesetzt wird.[17] Lyotard beruft sich dabei in seiner Ablehnung einer Metasprache expressis verbis auf die Spätphilosophie Ludwig Wittgensteins in den 'Philosophischen Untersuchungen'.

Exkurs: Wittgensteins Sprachspielkonzeption[18]

Wittgenstein wendet sich in den 'Philosophischen Untersuchungen' von dem Bemühen der Rekonstruktion einer universellen, rein logischen Metasprache des 'Tractatus' ab und bezeichnet die Vorstellung einer logischen Ordnung "*vor* aller Erfahrung" und "vom reinsten Kristall", die aller Erfahrung zugrunde liegt, als einen "Nimbus", der unserem Denken anhaftet.[19]

---

[14] Vgl. DpW, 96-111.
[15] Welsch, UpM, 32.
[16] Vgl. DpW, 120f.
[17] Vgl. DpW, 118f.
[18] Nachfolgender Exkurs verdankt sich der guten Übersicht über Wittgensteins Spätphilosophie bei Peukert, Wissenschaftstheorie - Handlungstheorie - Fundamentale Theologie, 160-169.
[19] Wittgenstein, Philosophische Untersuchungen (PhU), § 97.

"Das *Vorurteil* der Kristallreinheit kann nur so beseitigt werden, daß wir unsere ganze Betrachtung drehen. (Man könnte sagen: Die Betrachtung muß gedreht werden, aber um unser eigentliches Bedürfnis als Angelpunkt.)"(PhU, § 108) Nicht mehr im Ideal einer rein lo-gischen Metasprache sieht Wittgenstein nun den "Grund der Sprache"(PhU, § 118), sondern in der "Praxis des Gebrauchs"(PhU, § 7) einer Sprache. Den Vorgang des Gebrauchs einer Sprache, worunter er "das Ganze: der Sprache und der Tätigkeiten, mit denen sie verwoben ist", versteht, nennt er "Sprachspiel".(PhU, § 7) Hinter die faktische Praxis eines Sprachspiels kann, Wittgenstein zufolge, nicht zurückgefragt werden, sie kann nicht erklärt, sie kann nur festgestellt werden.[20] "Unser Fehler ist, dort nach einer Erklärung zu suchen, wo wir die Tatsachen als >Urphänomene< sehen sollten. D.h., wo wir sagen sollten: *dieses Sprachspiel wird gespielt.*"(PhU, § 654)

Wittgenstein bringt die Konsequenz dieser Konzeption selbst auf den Punkt: "Die Philosophie darf den tatsächlichen Gebrauch der Sprache in keiner Weise antasten, sie kann ihn am Ende also nur beschreiben. Denn sie kann ihn auch nicht begründen."(PhU, § 124)

1.2.2 Positive Postmodernedefinition: Irreduzible Vielfalt

Die sprachphilosophisch erhobene Legitimierungskrise der Philosophie wurde laut Lyotard von der Moderne bis ins Wien der Jahrhundertwende pessimistisch aufgenommen.[21] Sie führte "zur Trauer über die verlorene Ganzheit"[22]. Dieser Trauerprozeß ist für Lyotard allerdings abgeschlossen und braucht nicht wieder aufgenommen zu werden. "Die Sehnsucht nach der verlorenen Erzählung ist für den Großteil der Menschen selbst verloren."(DpW, 122) In seiner Sichtweise gebietet gerade die prinzipielle Heterogenität aller Sprachspiele dem Terror eines dieser Spiele Einhalt: "Es gibt in der Wissenschaft keine allgemeine Meta-sprache, in die alle anderen übertragen und in der sie bewertet werden können. Das verbietet die Identifikation mit dem System und letztlich den Terror."(DpW, 185f) Gegen alle Uniformisierungstendenzen stellt Lyotard die prinzipielle Irreduzibilität aller Sprach-, Denk- und Lebensmuster heraus. In der Interpretation Welschs hat diese "radikale Pluralität" der Postmoderne eine "antitota-

---

[20] Vgl. PhU, § 655.
[21] Vgl. Lyotard, DpW, 121.
[22] Welsch, UpM, 33.

litäre Option".(UpM, 4f) "Ihr philosophischer Impetus ist zugleich ein tief moralischer. Sie folgt der Einsicht, daß jeder Ausschließlichkeits-Anspruch nur der illegitimen Erhebung eines in Wahrheit Partikularen zum vermeintlich Absoluten entspringen kann."(UpM, 5) Postmodern im Sinne Welschs ist hingegen, "wer sich jenseits von Einheitsobsessionen der irreduziblen Vielfalt der Sprach-, Denk- und Lebensformen bewußt ist"(UpM, 35) und somit den Terror der Uniformierung, in der sich Einheit und Ganzheit realisiere, abwendet.[23]

Auf diesem Hintergrund ist Lyotards Aversion gegen die Einheit und das Ganze zu verstehen, die sich zuweilen in durchaus kriegerischer Terminologie Bahn bricht: "Es sollte endlich Klarheit darüber bestehen, daß es uns nicht zukommt, *Wirklichkeit zu liefern*, sondern Anspielungen auf ein Denkbares zu erfinden, das nicht dargestellt werden kann. Und man hat sich von dieser Aufgabe nicht die mindeste Versöhnung zwischen „Sprachspielen" zu erwarten. Kant, er nannte sie Vermögen, wußte, daß sie durch einen Abgrund voneinander geschieden sind und daß nur eine transzendentale Illusion (die Hegelsche) hoffen konnte, sie in einer wirklichen Einheit zu tolerieren. Aber er wußte auch, daß für diese Illusion der Preis des Terrors zu entrichten ist. [...] Die Antwort darauf lautet: Krieg dem Ganzen, zeugen wir für das Nicht-Darstellbare, aktivieren wir die Widerstreite, retten wir die Ehre des Namens."[24]

1.2.3 Legitimation qua Differenz

Wie aber begegnet Lyotard nun dem Vorwurf der postmodernistischen Beliebigkeit? Auch er wendet sich gegen den eklektizistischen Zeitgeist und entlarvt den sogenannten Realismus der Beliebigkeit als Herrschaft des Kapitals.[25] Sein Anliegen ist eine "achtenswerte Postmoderne"[26], die die Anmaßungen der Moderne redigiert, aber nicht in schiere Beliebigkeit abgleitet.[27] Lyotard möchte nicht der Legitimation qua Performanz das Wort reden, was in seinem Denken bedeutet, daß Markt und Macht Geltungskriterien des Wissens werden[28], sondern plädiert für das Legitimati-

---

[23] Vgl. Welsch, Einleitung, 19.
[24] Lyotard, Beantwortung der Frage: Was ist postmodern?, 203.
[25] Vgl. a.a.O., 197.
[26] Zitiert nach Welsch, UpM, 35.
[27] Vgl. Lyotard, Die Moderne redigieren, 213.
[28] Vgl. Lyotard, DpW, 150.

onsmodell der "als Paralogie verstandenen Differenz" (DpW, 173).²⁹ Das bedeutet: In der Wissenschaftspragmatik "muß nunmehr die Betonung auf den Dissens gelegt werden. Der Konsens ist ein Horizont, er wird niemals erworben." (DpW, 176f) Um nicht der Stabilisierung der im wissenschaftlichen Prozeß angelegten Regeln zu verfallen, wird nur ein lokaler Konsens der gegenwärtig am Forschungsprozeß Beteiligten zugelassen.³⁰ "Jede Aussage ist festzuhalten, sobald sie einen Unterschied zum Bekannten enthält, sobald sie argumentier- und beweisbar ist. Sie [die Wissenschaft, Anmerkung des Verfassers] ist ein Modell eines offenen Systems, in welchem die Relevanz der Aussage darin besteht, Ideen zu veranlassen, das heißt andere Aussagen und andere Spielregeln."³¹

In Lyotards Lesart ruht der universelle Konsens, den Habermas anstrebt, auf der Legitimationserzählung der Emanzipation der Menschheit durch Vernunft und Wissenschaft, die heute allerdings suspekt geworden sei.³² Der Konsens tue zudem "der Heterogenität der Sprachspiele Gewalt an"(DpW, 16). Folglich ist Lyotards Vision die einer Gerechtigkeit, die ohne den Konsens auskommt.³³

An dem postmodernen Theoriekonzept Lyotards ist sicherlich zu würdigen, daß es die Andersartigkeit des Anderen so stark betont und gegen jede Art der Unterdrückung durch ein totalisierendes Einheitsdenken abzusichern sucht. Die Frage ist nur, ob dies unter den Grundkategorien von Heterogenität und Pluralität möglich ist. Denn wenn das gespielte Sprachspiel unhintergehbar ist, ein wirklicher Konsens mit dem Anderen gar nicht mehr ernsthaft angestrebt wird, dann ist die Gefahr groß, daß man sich unter dem Deckmantel der Toleranz der Inanspruchnahme durch den Anderen und dessen Andersartigkeit entledigt und, um mit Hansjürgen Verweyen zu sprechen, die Andersheit "aus dem Gegenüber in ein bloßes Nebenan"³⁴ abgleiten läßt. Interessant ist in diesem Zusammenhang auch

---

²⁹ Hier ist kritisch nachzufragen, ob nicht die Ablehnung letzter Geltungskriterien der faktischen Macht des Geldes und der Kommerzialisierung unserer Gesellschaft implizit Vorschub leistet, indem ein ideologiekritisch einzunehmender Bewertungsmaßstab negiert wird.
³⁰ Vgl. DpW, 191.
³¹ DpW, 185. In Lyotards Betonung des Dissenses zeichnet sich eine strukturelle Parallele zu Imre Lakatos Forschungsprogramm-Konzeption ab, die sich selbst als Fortentwicklung des Kritischen Rationalismus versteht. (Vgl. Kap. 2.1.4.4) Natürlich wäre hier zu fragen, wann eine Aussage argumentier- und beweisbar ist, wer das entscheidet und anhand welcher Kriterien. Diesen Fragen der Wissenschaftslogik soll allerdings erst im systematischen Teil in Kap. 2.1.4 nachgegangen werden.
³² Vgl. DpW, 188.
³³ Vgl. DpW, 190.
³⁴ Verweyen, Maurice Blondels Philosophie der Offenbarung im Horizont "postmodernen" Denkens, 436.

Verweyens Vergleich des von Maurice Blondel als subjektiven Pantheismus entlarvten französischen Ästhetizismus bzw. Dilettantismus der Jahrhundertwende mit dem Postmodernismus unserer Tage.[35]
Mit der Kategorie des Dissenses scheint Lyotard dem Beliebigkeitsvorwurf nicht entgehen zu können. Vielmehr wird gerade das verspielt, was ureigenes Anliegen der Postmoderne ist: die Würde des Anderen und die Freiheit von jeglicher totalisierender Vereinnahmung. Denn der faktischen Herrschaft des Marktes und des Konsums wird durch den Ausfall kritischer Geltungsreflexion auf die an das Individuum herantretenden Geltungsansprüche marktwirt-schaftlichen Denkens unter dem Deckmantel werbepsychologischer Tricks noch Vorschub geleistet.[36]
Welsch, der sich darüber im Klaren ist, daß das Paradigma absoluter Heterogenität philoso-phisch nicht haltbar ist, interpretiert die postmoderne Option für die Vielheit und den Dissens als Wahrung einer "Einheit in gewissem Sinn [...] - allerdings in einer Form, die, paradox formuliert, nicht die Einlösung, sondern die Offenhaltung ist."[37] Er schlägt das Modell einer "transversalen Vernunft" vor, die "sowohl die Grenzen der verschiedenen Rationalitätsfor-men aufzeigt und wahrt als auch Übergänge und Auseinandersetzungen zwischen ihnen er-möglicht und vollzieht".(UpM, 7) Heterogenität und Pluralität der Denk-, Lebens- und Hand-lungsformen werden also auch von Welsch auf der Grundlage einer gewissen vorgängigen Einheit der Vernunft gedacht. Der Art dieser Einheitskonzeption wird im systematischen Teil in den Kapiteln zwei und drei nachzugehen sein. Ob Einheit der Vernunft allerdings auf der Ebene struktureller Übergänge zwischen materialen Spären ohne eine dieser Fähigkeit des Übergangs zugrundeliegende invariante Struktur gedacht werden kann, ist höchst zweifelhaft.

1.3 Soziologisch betrachtet: Individualisierung der Lebenslagen

In diesem Abschnitt kann es nicht um eine ausgeprägte Gesellschaftsanalyse der Moderne/Postmoderne gehen, wie sie in den westlichen Gesellschaften vorfindbar ist. Es geht auch nicht um die Nachzeichnung soziologischer Ansätze und Schulstreitigkeiten zur Beschreibung unserer gesell-

---

[35] Vgl. a.a.O., 429-431.
[36] Vgl. a.a.O., 433f.
[37] Vgl. Welsch, Einleitung, 17.

schaftlichen Situation. Vielmehr soll ein Theorem, das die sozialwissenschaftliche Diskussion der letzten Jahre neu durchzieht, aufgegriffen und in Anlehnung an Ulrich Beck dargestellt werden, da dieses weitreichende Konsequenzen für die sinnstiftende Aufgabe der Theologie mit sich bringt. Die Rede ist von der 'Individualisierung' der westlichen Gesellschaft.[38]
Nach Auskunft von Beck meint der Begriff 'Individualisierungsprozeß' nicht mehr jenen gesellschaftlichen Wandlungsprozeß, wie ihn die Klassiker dieses Theorems Georg Simmel, Emile Durkheim und Max Weber noch zu Beginn unseres Jahrhunderts als Entlassung des Menschen aus der festen Ordnung der feudalständischen, religiösen Gesellschaft in die Welt der Industriegesellschaft beschrieben haben, sondern den Prozeß des Übergangs aus der Industriegesellschaft in die Weltrisikogesellschaft unserer Tage.[39] Die Enttraditionalisierung der industriegesellschaftlichen Lebensformen bewirkt eine Freisetzung des Menschen aus den bisher festgefügten Formen von Klassen- und Schichtzugehörigkeit, des Lebens in Ehe und Kleinfamilie sowie den fest definierten Geschlechterrollen, allerdings unter den Bedingungen des sozialstaatlich verfaßten Arbeitsmarktes.[40]
Hintergrund dieser These des Übergangs der Industrie- in die Risikogesellschaft von Beck ist die Einsicht, daß das Projekt der Moderne, "jene »okzidentale« Mischung aus Kapitalismus, Demokratie, Rechtsstaatlichkeit und nationaler, was auch immer heißt: militärischer Souveränität"[41], nicht mit der bestehenden Industriegesellschaft gleichzusetzen ist, sondern neu verhandelt werden muß. Modernisierung ist nicht länger als einfache, lineare und zweckrationale Fortschrittsgläubigkeit denkbar, sondern sie muß sich "reflexiv" vollziehen, heißt in der Sprache Becks, die Modernisierung selbst muß als "(nicht)-reflektierte, automatische, sozusagen reflexartige und zugleich geschichtsmächtige Modernisierung" begriffen werden unter den Kategorien der "Ungewißheit" und der "Nebenfolge".[42]
Im Kontext dieser reflexiven Modernisierung bedeutet Individualisierung weder positiv einfach nur Enttraditionalisierung noch negativ Vereinzelung, Vereinsamung und organisierte Beziehungslosigkeit, sondern "Individualisierung meint erstens die *Auf*lösung und zweitens die *Ab*lösung industriegesellschaftlicher Lebensformen durch andere, in denen die einzelnen ihre Biographie selbst herstellen, inszenieren, zusammenschustern müssen, und zwar ohne die einige basale Fraglosigkeit sichernden, stabilen

---

[38] Eine ausführliche Literaturübersicht über die Individualisierungsdebatte der vergangenen Jahre findet sich bei Beck/Beck-Gernsheim, Das ganz normale Chaos der Liebe, 267, Anm. 3.
[39] Vgl. Beck, Die Erfindung des Politischen, 39.
[40] Siehe dazu ausführlicher Beck, Risikogesellschaft, Kap. III-VI, 113-248.
[41] Beck, Die Erfindung des Politischen, 17.
[42] A.a.O., 97.

sozial-moralischen Milieus, die es durch die gesamte Industriemoderne immer gegeben hat und als „Auslaufmodelle" immer noch gibt. Die Normalbiographie wird zur „Wahlbiographie", zur „reflexiven Biographie", zur „Bastelbiographie"."[43] Individualisierung bedeutet folglich weder reine Freisetzung aus gesellschaftlichen Vorgaben und Zwängen in einen Raum freier Entscheidungsmöglichkeiten, was Beck/Beck-Gernsheim als "individualistisches Mißverständnis" kennzeichnen, noch die Realisierung eines gesellschaftlichen Zustandes rein autonomer, rationaler Entscheidungen, was sie als "rationalistisches Mißverständnis" verstehen.[44] Vielmehr bedeutet Individualisierung "*Wahl unter Restriktionen*, z.B. unter institutionellen Vorgaben, ökonomischen Zwängen, persönlichen Abhängigkeiten"[45] und "folgt einem *allgemeinen Diktat*", nämlich unter sozialstaatlichen Voraussetzungen eine Arbeitsmarktbiographie zu entwerfen.[46]

Insofern das eigene Lebensskript unter den genannten sozialstaatlichen Vorgaben selbst geschrieben werden muß, kann man paradoxerweise von einer "*Standardisierung institutionenunabhängiger Individuallagen*"[47] sprechen. "Individualisierung ist ein Zwang, ein paradoxer Zwang allerdings zur Herstellung, Selbstgestaltung, Selbstinszenierung nicht nur der eigenen Biographie, auch ihrer Einbindungen und Netzwerke, und dies im Wechsel der Präferenzen der Entscheidungen und Lebensphasen, allerdings: unter sozialstaatlichen Rahmenbedingungen und Vorgaben [...] ."[48] Beck faßt die damit gezeichnete Herausforderung des heutigen Menschen in der westlichen Welt in Anlehnung an Jean-Paul Sartre zusammen: "Die Menschen sind zur Individualisierung *verdammt*."[49]

Mit den Anforderungen, die dieser Zwang zur individuellen Erstellung der eigenen Biographie mit sich bringt, sind auch die Schwierigkeiten bereits mitbenannt. Soziologisch kann man mit Beck festhalten, daß die Modernisierung der Industriegesellschaft ihre eigene Gegenmodernisierung in Form eines dialektischen Prozesses nach sich zieht.[50] Psychologisch ist es plausibel, daß da, wo die Herausforderung der Individualisierung als Überforderung erlebt wird, ein Reduktionsprozeß stattfinden muß. So lassen sich die allerorts zu beobachtenden Phänomene unserer Zeit wie Nationalismus, Ethnozentrismus, Fremdenhaß, Fundamentalismen aller Art, etc. sozialpsychologisch als Folge der Modernisierung verstehen. Beck spricht

---

[43] Beck/Beck-Gernsheim, Nicht Autonomie, sondern Bastelbiographie, 179.
[44] Vgl. a.a.O., 183.
[45] A.a.O., 182.
[46] Dies., Das ganz normale Chaos der Liebe, 14.
[47] Beck, Risikogesellschaft, 210.
[48] Beck, Die Erfindung des Politischen, 152.
[49] Ebd..
[50] Vgl. a.a.O., 16.

von "hergestellte[r] Fraglosigkeit".[51] Für Thomas Meyer sind die verschiedenen Spielarten des heute anzutreffenden Fundamentalismus Formen der Reduktion der Komplexität der Moderne und des Rückzugs in Reservate fragloser und unantastbarer Sicherheiten. Kants programmatisches Diktum über die Aufklärung paraphrasierend konstatiert er: "Fundamentalismus ist der selbstverschuldete Ausgang aus den Zumutungen des Selberdenkens, der Eigenverantwortung, der Begründungspflicht, der Unsicherheit und der Offenheit aller Geltungsansprüche, Herrschaftslegitimationen und Lebensformen, denen Denken und Leben durch Aufklärung und Moderne unumkehrbar ausgesetzt sind, in die Sicherheit und Geschlossenheit selbsterkorener absoluter Fundamente."[52]

Eine andere reduktionistische Antwort auf die Herausforderungen der Moderne bzw. Postmoderne dürfte die Gemeinsinn-Bewegung in den USA sein, die unter dem Stichwort 'Kommunitarismus' nach dem Gemeinwohl auf der Basis eines von allen anerkannten ethischen Guten streben. Ein material bestimmtes Gut soll an die Stelle des formalen Rechts der Gleichwertigkeit aller Wertorientierungen treten, ohne daß es, nach Auskunft von Wolfgang Kersting, bisher allerdings gelang, diese materiale Gemeinsamkeit näher zu bestimmen.[53]

1.4 Was bleibt also - zwischen Pluralismus und Fundamentalismus?

Der heutige, so radikal wie noch zu keiner Zeit auf sich selbst zurückgeworfene Mensch der westlichen Welt scheint angesichts des unausweichlichen Zwangs, sein Leben selbst bestimmen und entscheiden zu müssen, wenn auch unter den Vorgaben und Repressionen der sozioinstitutionellen Bedingungen der ihn umgebenden Gesellschaft, oftmals überfordert zu sein. Die Folge ist eine Reduktion der Komplexität der Lebenszusammenhänge und ein Rückzug in Reservate der Unantastbarkeit. Holistische Ganzheitsvorstellungen, wie sie in der New-Age-Bewegung begegnen, oder fundamentalistische Verengungen von islamischer Jihad-Propaganda bis zu protestantischem Biblizismus oder katholischem Kirchenpositivismus sind nur Symptome dieser Situation. Ebenso wie die Biographie des

---

[51] A.a.O., 100.
[52] Meyer, Fundamentalismus, 157.
[53] Vgl. Kersting, Die Liberalismus-Kommunitarismus-Kontroverse in der amerikanischen politischen Philosophie, 82-102.

Menschen zumindestens der westlichen, sozialstaatlichen Moderne respektive Postmoderne zu einer Auswahl- und Bastelbiographie geworden ist, ist auch die Sinnfrage und -suche scheinbar verdammt zum Zwang der Wahl auf dem Markt der religiösen und sinnstiftenden Möglichkeiten unter anscheinend prinzipiell gleicher Gültigkeit aller Angebote.

Im Hintergrund solcher Nivellierung aller Bedeutsamkeit und aller Unterschiede steht, wie Hansjürgen Verweyen darlegt, ein unerschütterliches säkulares Dogma unserer Zeit: der "*Primat des bloßen Meinens*", was soviel bedeutet wie die "unbedingte Abneigung vor allem Unbedingten".[54] Pluralist und Fundamentalist teilen an der Basis ihrer Überzeugungen die Verunsicherung durch den philosophischen Relativismus. Sie werden bestimmt von der tiefgreifenden Auffassung, "daß sich ein Engagement an unbedingt gültige Werte *rational* letztlich nicht begründen läßt"[55]. Da aber der Fundamentalist an unbedingt gültige Wahrheit glaubt, ohne darin Einsicht zu gewinnen, muß er sich vor Zweifel abschotten und apologetisch argumentieren, während der Pluralist seine Überzeugung in der Entlarvung der Strategie des Fundamentalisten bestätigt sieht und unkritisch seinen eigenen relativistischen Grundannahmen gegenüber wird.[56] In dieser Dynamik entsteht das, was man mit Welsch als "Oberflächenpluralismus"[57] bezeichnen kann. Gemeint ist damit eine Praxis, sich unter Ausfall selbstkritischer Versicherung der eigenen Pluralitätstheorie in Beliebigkeit und Oberflächlichkeit zu ergehen und damit Pluralität in einen Subjektivismus der Nicht-mehr-Unter-scheidbarkeit und -Kritisierbarkeit aufzulösen.[58]

Die Frage bleibt also bestehen: Ist der Christ von heute genötigt, in den Chor des Beliebigkeitsgesangs einzustimmen und damit jedes kritische Fundament gegenüber den herrschenden Götzen der Kommerzialisierung und der Technokratie aufzugeben oder ist er zum Fundamentalismus verdammt?

Hatte Wolfgang Beinert sich 1991 noch damit begnügen können, das Phänomen des katholischen Fundamentalismus in einzelnen Gruppen innerhalb der Kirche zu diagnostizieren und zu beschreiben[59], so muß man sich heute nach Erscheinen des neuen Weltkatechismus doch fragen, ob die Praxis, sich auf eine Ansammlung fester, nicht zur Debatte stehender Wahrheiten, deren einziger Legitimationsgrund die Promulgation des Papstes zu sein scheint[60], zurückzuziehen und auf eine vernünftige Einsicht-

---

[54] Verweyen, Der Weltkatechismus, 109.
[55] A.a.O., 106.
[56] Vgl. ebd..
[57] Welsch, UpM, XV.
[58] Vgl. a.a.O., 322.
[59] Vgl. Beinert (Hg), »Katholischer Fundamentalismus«.
[60] Vgl. Verweyen, Der Weltkatechismus, 111f.

nahme in die innerste Mitte des Glaubens als unbedingt in Anspruch nehmender Sinngrund zu verzichten, ob also eine fundamentalistische Versuchung nicht bereits die katholische Kirche in ihrer Breite befallen hat?
Damit erfährt der Christ eine tiefgreifende Verunsicherung nicht nur aufgrund der philosophischen Diskussion und soziologischen Situation der ihn umgebenden Welt, sondern auch aufgrund des scheinbaren Unvermögens seiner Kirche(n) und der breiten theologischen Diskussion, den christlichen Glauben als unbedingt tragenden Sinngrund rational verstehbar zu machen. Angesichts der beschriebenen Phänomene von Individualisierung, Enttraditionalisierung, Pluralisierung und völliger Eigenverantwortlichkeit für das eigene Lebens- und Sinnskript stellt sich für die Theologie die Aufgabe nur um so dringlicher, den christlichen Glauben als unbedingten Sinnhorizont auszuweisen, der Orientierung in der Vielfalt der alltäglichen Geltungsansprüche unterschiedlichster Art liefert, ohne fundamentalistisch in Verengung, Verkürzung und Legitimationsabbruch zu verfallen.

2. Die philosophische Problematik von 'Letztbegründung' und 'Letztgültigkeit'

Auf dem Hintergrund der in Kapitel eins erarbeiteten gesellschaftlichen Realität des Westens, die von einer durchgehenden Individualisierung der Lebenslagen geprägt ist, in der der einzelne seinen Lebens- und Sinnentwurf selbst und weitgehend ohne Rückgriff auf etwaige, diese Mühe ersetzende Institutionen und Traditionen erstellen muß, stellt sich die Position des mainstreams zeitgenössischer Philosophie um so dramatischer dar. Postmoderne Philosophie französischer Provenienz mit ihrem Paradigma unhintergehbarer Pluralität lehnt von ihrem Selbstverständnis her jeden Versuch, letztgültige Geltungskriterien und ein sicheres Fundament der Erkenntnis zu suchen, als totalitär ab. Sie steht damit in der Tradition der Spätphilosophie Wittgensteins, der Hermeneutischen Philosophie Gadamers und des daseinsanalytischen Denkens Heideggers, wenn auch diese Positionen konsequent radikalisiert werden.

Psychologisch ist es äußerst fragwürdig, ob der Mensch der Moderne/Postmoderne, der mit der Unüberschaubarkeit seiner eigenen Lebenswirklichkeit und der vielen 'Lebenswelten' konfrontiert ist, ohne ein festes Fundament rational verantwortbarer Grundüberzeugungen nicht maßlos überfordert ist. Die allerorten festzustellenden Tendenzen zu Nationalismus, Ethnozentrismus und (religiösem) Fundamentalismus sprechen eine deutliche Sprache davon, daß die Suche nach Orientierungsmustern und festen Punkten im Leben eine durchgängig menschliche Bestimmung ist. Wo diese aber nicht mehr zu festen Fundamenten gelangt, wird sie durch fundamentalistische Verengung, Abkapselung und Erstellung unantastbarer, auch mit Gewalt zu verteidigender und zu verbreitender Reservate ersetzt. Aus sozialpsychologischer Perspektive stellt sich damit die dringende Aufgabe, dem Menschen Maßstäbe an die Hand zu geben, die ihm einerseits als Bewertungskriterien für die eigenen und fremden Anschauungen dienen können und andererseits Offenheit für den/das Fremde(n) ermöglichen. Diese Arbeit ist allerdings nicht psychologisch, sondern philosophisch zu leisten, wenngleich das Projekt umfassender pädagogischer, politischer, sozialer und pastoraler Vermittlungen bedarf.

Eine solch philosophische Arbeit, wie sie hier angestrebt wird, kann allerdings nur im Durchgang und in der Auseinandersetzung mit philosophischen Entwürfen stattfinden, die die zeitgenössische geisteswissenschaftliche Diskussion der vergangenen Jahrzehnte beherrscht haben. Denn einerseits sind diese philosophischen Systeme Spiegel der gesellschaftlichen

Realität, andererseits verzeichnen sie auch eine Wirkungsgeschichte in der Lebensphilosophie der Menschen und der Gesellschaft. Da diese Diskussion nur in Auswahl möglich ist, soll versucht werden, eine Linie nachzuzeichnen und zu erschließen, die die wesentlichen Fragen um Letztgültigkeit und Letztbegründung tangiert.

Den Ausgangspunkt bildet ein zweiter Strang postmoderner Philosophie, der, sprachphilosophisch unbeeinflußt, in Auseinandersetzung mit und Abgrenzung zum Kritischen Rationalismus, der wissenschaftstheoretisch immer noch herrschenden Denkform, ein Pluralitätsplädoyer erhebt. Die Rede ist von Paul Feyerabend, den Welsch als "anonymen"[61] Postmodernen bezeichnet. Es zeigt sich dabei schnell, daß Feyerabends Ablehnung aller Uniformität und Einheitskonzeption in den Wissenschaften aus einer Frontstellung zu Popper herrührt. Er ist so sehr vom Paradigma des Falsifikationismus geprägt, daß er eher bereit ist, Vernunft ganz über Bord zu werfen, als diese instrumentalisierende Verkürzung zu korrigieren, unterliegt dadurch aber eben diesem szientistischen Rationalitätsverständnis. Genau dieses aber entlarvt Habermas als Auswuchs der theoretisch-instrumentellen Vernunft und wendet sich gleichzeitig gegen den Universalitätsanspruch hermeneutischen Verstehens. Seine Antwort ist eine prinzipiell unhintergehbare, kommunikativ-prozedurale Vernunftkonzeption, die universalpragmatisch die Möglichkeitsbedingungen menschlicher Erkenntnis von den jeder Kommunikation zugrundeliegenden, sprechakttheoretischen Voraussetzungen her erschließt. Dieser diskurstheoretische Ansatz wird von Apel aufgegriffen und transzendentalpragmatisch untermauert. Von Apel aus läßt sich sowohl der Kritizismus des Kritischen Rationalismus als auch der Relativismus hermeneutisch beeinflußter postmoderner Philosophie als unhaltbar erweisen. Allerdings ist durch eine transzendentalpragmatische Letztbegründung über die Unmöglichkeit des Skeptizismus hinaus noch nichts gewonnen, da auch Apel dezidiert in der Tradition der Hermeneutik und der Sprachphilosophie steht und eine cartesische Sicherung der Selbst als Solipsismus ablehnt. An dieser Stelle ist Verweyens erstphilosophische Konzeption in der Linie von Descartes und Fichte als transzendentalphilosophischer Neueinsatz zu betrachten.

Die Auseinandersetzung mit der philosophischen Letztbegründungsproblematik ist gerade auch aus christlicher Sicht unumgänglich, da das christliches 'Ein-für-allemal' kein Logos ist, der neben oder über dem philosophischen eine zweite Wirklichkeit beträfe, sondern der Logos des Glaubenden ist prinzipiell dergleiche wie der des (noch) Nicht-

---

[61] Welsch, UpM, 38.

Glaubenden[62] und muß von daher autonom nachvollziehbar sein und vor der philosophischen Vernunft verantwortet werden.

---

[62] Vgl. auch Pröpper, Erstphilosophischer Begriff oder Aufweis letztgültigen Sinnes?, 274.

2.1 Paul K. Feyerabend - 'Anything goes'

2.1.1 Problemaufriß - Was bedeutet Feyerabends 'Anything goes'?

Paul Feyerabends wissenschaftstheoretische Position ist bekannt geworden durch die provokante und oftmals diskutierte Stelle in seinem Buch 'Wider den Methodenzwang': Es gibt "nur *einen* Grundsatz [...] , der sich unter *allen* Umständen und in *allen* Stadien der menschlichen Entwicklung vertreten läßt. Es ist der Grundsatz: *Anything goes (Mach, was du willst)*."[63]
Was aber bedeutet dieses 'anything goes'? Was genau meint Feyerabend damit? In diesen zwei Wörtern stecken eine Vielzahl wissenschaftstheoretischer und philosophischer Implikationen, die es zu explizieren gilt.
Feyerabend gibt selbst einige generelle Interpretationshinweise. Anything goes sei keine neue Methodologie, auch kein neuer Grundsatz von ihm, sondern das, was dem Rationalisten verbleibe angesichts der Tatsache, daß Rationalismus und Rationalität in den Wissenschaften nur irrational zu begründen seien.[64] "Ich habe nicht die Absicht, eine Menge allgemeiner Regeln durch eine andere zu ersetzen; meine Absicht ist vielmehr, den Leser davon zu überzeugen, daß *alle Methodologien, auch die einleuchtendsten, ihre Grenzen haben*." (WM, 52) "Ich sage, daß alle Regeln ihre Grenzen haben und daß es *selbst innerhalb der Wissenschaften* keine umfassende Rationalität gibt."(EfM, 67) Laut Feyerabend kann das Problem wissenschaftlicher Rationalität nur dadurch gelöst werden, daß "man die Rationalität als ganze umbaut"(EfM, 66). Das bedeutet nicht etwa, daß er darum prinzipiell Regeln und Maßstäbe ablehnen würde, sondern er schlägt eine "neue *Beziehung* vor zwischen Regeln (Maßstäben) und Traditionen."(EfM, 67)
Diese Aussagen lassen sich nur verstehen, wenn man Feyerabends Ausführungen zum Verhältnis von Vernunft und Praxis zu Rate zieht. Vernunft und Praxis sind für ihn nicht *"we-sensverschieden"*, sondern *"zwei verschiedene Typen von Traditionen"*(EfM, 48). "Ich nenne im folgenden Traditionen, bei denen der logische Aspekt hervortritt, *abstrakte Traditionen*, Traditionen mit lokalen Gesetzen, die oft von Ausnahmen durchbrochen werden und unter Zufälligkeiten verborgen liegen, *historische Traditionen*."(EfM, 49)
Allerdings ist es so, daß auch abstrakte Traditionen, also Gesetze und Regeln, historische Komponenten haben, was nach Feyerabends Meinung die

---

[63] Feyerabend, Wider den Methodenzwang (WM), 45.
[64] Vgl. Feyerabend, Erkenntnis für freie Menschen (EfM), 87. Eine ausführliche Behandlung dieser These erfolgt in Kapitel 2.1.4 dieser Arbeit.

Intuitionisten und in deren Folge Wittgenstein herausgearbeitet haben[65], ebenso wie historische Traditionen auch Momente der Theorie und Regelhaftigkeit enthalten. Geschichtlich gesehen seien die abstrakten Traditionen den historischen nachgeordnet. Sie entstanden erst zwischen dem achten und sechsten Jahrhundert vor Christus im Vorderen Orient und erlebten in der griechisch-abendländischen Philosophie ihre Blüte.[66]
Problematisch an den abstrakt-rationalen Traditionen ist nun für Feyerabend, daß dabei Begriffe gebildet wurden, die sich ihrer soziokulturellen und situativen Bedingungen entledigt hätten und so den erfahrungsreicheren historischen Horizont ausschieden.[67] Diese Entwicklung bezeichnet er als "*kindliche Simplifikation*"(EfM, 51). Die Philosophie habe dementsprechend eine eigene Tradition, genannt Erkenntnistheorie, herausgebildet mit der Aufgabe, diese theoretische Begrifflichkeit zu verwalten und fortzuentwickeln: "[D]ie Erkenntnistheorie ist eine Tradition, deren Aufgabe darin besteht, die fatale Beschränkung abstrakter (d.h. >rationaler<) Traditionen und die ständig auftauchenden Probleme zu verdecken."(EfM, 53)

Exkurs zur aristotelischen Wahrnehmungstheorie

Im Hintergrund der Feyerabendschen These der Entwicklung von historischen zu abstrakten Traditionen steht eine bestimmte Theorie der Wahrnehmungserkenntnis, die aristotelische Wahrnehmungstheorie. Feyerabend gibt sie folgendermaßen wider: "[...] nicht ein *Abbild* der Gegenstände, sondern ihre *Form selbst* konstituiert die Wahrnehmung. Folgt man der Wahrnehmung, so gibt man eine richtige Beschreibung der Natur; widerspricht man ihr, so widerspricht man der Natur selbst, und nicht nur einem (vielleicht irrtümlichen) Eindruck von der Natur."(EfM, 225)
Entscheidend für diesen aristotelischen Empirismus ist die Bedeutung dieser Wahrnehmungsstruktur. Daß wir die Welt so wahrnehmen, wie sie ist, ist der Normalfall. Es gibt für Aristoteles ‚und in dessen Gefolge auch für Feyerabend, zwar auch Irrtümer bzgl. einzelner Wahrnehmungen, doch bleiben davon "*die allgemeinen Züge des Wahrnehmungswissen unberührt*"(EfM, 226f). "Der Irrtum ist ein *lokales* Phänomen, der Irrtum verzerrt nicht unsere *gesamte Weltsicht*."(EfM, 227)

---

[65] Vgl. EfM, 49f.
[66] Vgl. EfM, 219.
[67] Vgl. EfM, 51.

Unter Berufung auf die aristotelische Philosophie und im Anschluß an Hume konstatiert Feyerabend, daß die Menschen Ideen und Erfahrungen haben. Die Ideen erhielten ihren Inhalt nur aus der Erfahrung, der Common sense ist dabei entscheidend: "*[N]icht die Intellektuellenideologie, sondern der allen Menschen gemeinsame Common sense entscheidet, was existiert und welche Eigenschaften dem Existierenden zukommen.*"(EfM, 229) So kann Feyerabend schließlich sein Plädoyer zugunsten einer "natürlichen und naiven Menschlichkeit" im Umgang mit allen Dingen auf die Forderung zuspitzen, daß die Bürger und nicht die Intellektuellen über Begriffe und Wissenschaften entscheiden sollten, um dadurch einer Herrschaft der Intellektuellen und der sogenannten objektiven Wissenschaften zu begegnen.[68] Schlagwortartig bringt er sein Anliegen auf die Formel: "*Bürgerinitiativen statt Erkenntnistheorie*"(EfM, 8).

So demokratisch sich die Feyerabendsche Konzeption auch immer anhört, wird man doch aus erkenntnistheoretischer Sicht einige Anfragen an ihre Haltbarkeit stellen müssen. Woher kommen denn die Ideen und Begriffe der sogenannten abstrakten Traditionen? Laut Feyerabend können sie nur per Abstraktion und Verständigung über diese aus dem historischen Erfahrungs- und Lebenszusammenhang gewonnen werden. Das heißt, durch Absehen von allen anderen Komponenten erhalte ich eine Idee. Wie kann ich aber durch Absehen und Herausschälen von Störfaktoren der Erfahrung aus der Erfahrung einen Begriff gewinnen, dem gar keine Erfahrung korrespondiert z.B. bei geometrischen Figuren? Feyerabend scheint hier einfachhin gewisse apriorische Strukturen der Vernunft zu unterschlagen, bzw. nicht darauf reflektieren zu wollen, wenn er von abstrakten Traditionen in den Wissenschaften und der Philosophie redet.[69]

Feyerabend fordert für eine Wissenschaftstheorie der (empirischen) Wissenschaften die Gleichbehandlung von abstrakten und historischen Traditionen, anstatt nur rationale Methodologien zuzulassen. Seiner Meinung nach zeigt eine Untersuchung der faktischen Wissenschaftsgeschichte am Beispiel Galileis[70], daß keineswegs eine grundsätzliche, rein rationale Methodologie zum Fortschritt der Wissenschaft geführt hat, sondern daß immer wieder das Durchbrechen von Regeln, Theorien und Methoden ei-

---

[68] Vgl. EfM, 230.
[69] Dieser Gedanke wird uns in den Kapiteln 2.1.3 und 2.1.6 noch eingehender zu beschäftigen haben.
[70] Vgl. WM, Kap. 5-13.

nen Fortschritt erbracht hat, der aus einer Wechselwirkung von Vernunft und praktischer Erfahrung resultiert.[71]

2.1.2 Regelpluralität oder methodologischer Pluralismus - Feyerabend ein wissenschaftstheoretischer Anarchist?

Wie ist nun Feyerabends Plädoyer für eine "*pluralistische Methodologie*"(WM, 48) in den Wissenschaften zu verstehen?
Joseph Margolis tritt entschieden gegen die Auffassung ein, "Feyerabend sei ein Gegner aller Methodologien (und favorisiere *statt dessen* den wissenschaftlichen Anarchismus)", da Feyerabend durchaus Regeln und Gesetze zulasse. Hingegen ist Margolis der Meinung, daß "*er alle Methodologien anarchistisch interpretiert*".[72] Feyerabends Anarchismus sei "*keine* fremde Methodologie im Gegensatz zu den überkommenen Methodologien [...]. Er ist ein höherer Kommentar (ein Kommentar in der Wissenschaftstheologie sozusagen) zu jeder vorstellbaren Methodologie."[73]
Für Margolis bedeutet das, daß Feyerabend eine gewisse anarchistische Zurückhaltung gegenüber allen Regeln übt, auch gegenüber den Regeln, die angesichts der faktischen Wissenschaftsgeschichte die besten Aussichten auf Erfolg für die Zukunft versprechen, ohne allerdings diese Toleranz zum Teil der Regeln selbst zu machen.[74]
Man wird wohl Feyerabend nicht so interpretieren dürfen, als plädiere er für die vollständige Regellosigkeit in der Wissenschaft, wenn er etwa schreibt: "[...] die Tatsache der Regellosigkeit *besteht*, weil es eine Erwartung der Regelhaftigkeit gibt. Schließlich ist der Ausdruck »Regellosigkeit« nur sinnvoll, wenn es eine Regel gibt."(WM, 241) Auch folgenden Satz kann man in dem Sinne verstehen, daß Feyerabend die geforderte Regelpluralität nicht zur methodologischen Regellosigkeit verabsolutiert: "Es ist schon wahr, daß zwei oder drei irrationale Schwalben noch keinen irrationalen Sommer machen [...]"(EfM, 17).
Allerdings kann man mit Hans Lenk durchaus darauf verweisen, daß Feyerabend wohl gelegentlich die "Rekonstruktion der historischen Entwicklung der Wissenschaft" mit "der Konstruktion des Beurteilungskrite-

---

[71] Vgl. EfM, 83-85.
[72] Margolis, Wissenschaftliche Methoden und Feyerabends Plädoyer für den Anarchismus, 46.
[73] A.a.O., 47.
[74] Vgl. ebd..

riums" für eine Theorie, für Wissenschaft im allgemeinen oder für das, was auch Feyerabend wissenschaftlichen Fortschritt nennt, verwechselt.[75] Gerade aber die Erstellung von Kriterien zur Beurteilung der positiven Wissenschaften ist Aufgabe der Wissenschaftstheorie. Angesichts der Tatsache hingegen, daß Feyerabend die Frage nach der Bewertung von Theorien in den Raum eines Relativismus der Traditionen verlagert - "für mich hängt die Bewertung von Ideen von der Tradition ab, der man sie vorstellt. Einstein ist besser als Newton für einen modernen Wissenschaftler, schlechter für einen Dinglerianer, die Frage hat kein Interesse für einen Hopi"(EfM, 94) - läßt es doch fraglich erscheinen, ob er die philosophische Schärfe der Frage nach dem Maßstab bzw. dem Beurteilungskriterium erfaßt hat. Was macht denn Einstein für einen modernen Wissenschaftler besser als Newton? Dazu bedarf es einer Vorstellung, einer Regel für Besser- oder Schlechter-Sein.

Ebenso argumentiert Lenk, wenn er sagt: "Um Regeln zu brechen, muß man welche haben, muß man ideale Beurteilungsstandards voraussetzen; um voranzuschreiten muß man über Vergleichsmöglichkeiten verfügen [...]".[76] Unter Verwendung von Feyerabends eigenem Sprachgebrauch bringt es Lenk auf den Punkt: "Schließlich ist auch eine heuristisch fruchtbare Regelverletzung und überhaupt nur deren Beurteilung als solche lediglich möglich und sinnvoll, »wenn es eine Regel gibt«."[77]

Es stellt sich also noch einmal die Frage nach den Beurteilungs- bzw. Entscheidungskriterien für wissenschaftliche Arbeit und für den auch von Feyerabend erstrebten Fortschritt der Wissenschaften.[78] Laut Feyerabend ist das keine Frage nach der Wahrheit, sondern eine Frage nach der Mehrheit. In einer freien und offenen Gesellschaft garantiere allein ein demokratischer Relativismus[79] die Beurteilung der Wissenschaften. Der Bürger entscheide aufgrund des Wechselspiels aller Strömungen, Theorien und Traditionen - im Hintergrund steht ein modifizierter Common sense-Gedanke[80] -, "und Ausgangspunkt ist nicht ›die Wahrheit‹, oder ›der neueste Stand der Wissenschaften‹, oder eine andere leere Allgemeinheit; Ausgangspunkt ist die Gleichberechtigung aller Traditionen."[81]

Das wirft die Frage auf, was in Feyerabends Denken Wahrheit bedeutet.

---

[75] Vgl. Lenk, Feyerabend oder Feierabend für die Erkenntnistheorie, 34.
[76] Lenk, a.a.O., 33.
[77] Ebd..
[78] Vgl. WM, 44.
[79] Vgl. Feyerabends zusammenfassendes Plädoyer für den demokratischen Relativismus in EfM. Veränderte Ausgabe, 9-23.
[80] Vgl. Kap. 2.1.1, Exkurs.
[81] EfM. Veränderte Ausgabe, 18.

2.1.3 Situationswahrheiten statt 'die' Wahrheit

Feyerabend bietet seine Haltung zur Wahrheitsfrage an mehreren Stellen in sehr provokanter und blumiger Sprache dar. Exemplarisch seien einige genannt:
Suche nach Wahrheit und Objektivität bezeichnet er als "Sucht nach geistiger Sicherheit", der der Mensch nachgehe, "um seine niedrigen Instinkte zu befriedigen".(WM, 45) Wahrheit sei ein "Schlagwort"(WM, 239), das die Menschen "hypnotisiert, aber sonst zu nicht viel gut ist"(WM, 318). In rhetorischer Frage polemisiert er, ob "»Wahrheitssuche« im Stile der herkömmlichen Philosophie" nicht "dem Menschen schadet, ihn in einen elenden, unfreundlichen, selbstgerechten Mechanismus ohne Grazie und Humor verwandelt?"(WM, 244) Ein Schwindler sei "eine viel interessantere Figur als der an Verstopfung leidende »Wahrheitssucher«, der einem gewöhnlich als das Objekt der Verehrung vorgeführt wird."[82]
Laut Willy Hochkeppel kommt der Vernunft bei Feyerabend der gleiche Stellenwert zu wie der Wahrheit, Objektivität oder Gerechtigkeit - "alles Wortfetische, die er entzaubert"[83]. Man muß Hochkeppel wohl zustimmen, wenn dieser feststellt, daß sich mit Feyerabend der wohl "radikalste Bruch" mit der griechisch-abendländischen Tradition der Suche nach der Wahrheit abzeichnet, "der uns bisher zu Ohren kam".[84]
Feyerabend bezeichnet sein Vorgehen gegen die Wahrheit als erkenntnistheoretischen Anarchismus: "Das einzige wogegen er [der erkenntnistheoretische Anarchist, Anmerkung des Verfassers] sich eindeutig und bedingungslos wendet, sind allgemeine Grundsätze, allgemeine Gesetze, allgemeine Ideen, wie »die Wahrheit«, »die Vernunft«, »die Gerechtigkeit«, »die Liebe« und das von ihnen hervorgerufene Verhalten, wenn er auch nicht bestreitet, daß es oft taktisch richtig ist, so zu handeln, als gäbe es derartige Gesetze (Grundsätze, Ideen), und als glaube er an sie."(WM, 263) "Ein Anarchist ähnelt einem Geheimagenten, der das Spiel der Vernunft mitspielt, um die Autorität der Vernunft (der Wahrheit, der Ehrlichkeit, der Gerechtigkeit usw.) zu untergraben."(WM, 52)
Die radikale Ablehnung 'der' Wahrheit, bzw. eines Korrespondenzbegriffs der Wahrheit, geht bei Feyerabend einher mit der Anerkennung der Fragestellung, "wie bestimmte Dinge in bestimmte Situationen passen"(EfM, 259). Mit Hochkeppel könnte man dies als "eine Art Situations-

---

[82] WM, 153f, Anm. 22.
[83] Hochkeppel, Paul K. Feyerabend und die Wahrheit, 286.
[84] A.a.O., 285. Dieses Urteil trifft allerdings auf die gesamte postmoderne Philosophie zu. Vgl. dazu Kap. 1.2 dieser Arbeit.

Wahrheit"[85] bezeichnen. Seinem relativistischen Konzept entsprechend geht es Feyerabend demnach um Situationswahrheiten, wie etwas situativ auf etwas anderes paßt, ohne dabei darauf zu reflektieren, ob sich **Wahrheiten** überhaupt denken lassen, wenn nicht zuvor bereits ein **Begriff von Wahrheit** besteht, der dann auf Situationen angewendet wird.[86] Erkenntnistheoretisch ist das die Frage nach den Möglichkeitsbedingungen von (Situations)wahrheiten.

Darüber hinaus stellt sich aber die Frage, welchen (Wahrheits)anspruch Feyerabend selbst besitzt, wenn er in seinen Schriften bspw. versucht, den Leser bzw. die Wissenschaftskollegen davon zu überzeugen, "metaphysische Monstren wie die Wahrheit"[87] zu beseitigen, und hingegen die Position einer relativistischen Wahrheit bezieht. Feyerabend würde sicherlich auf seinen grundsätzlichen Vorbehalt gegenüber jeglicher Überzeugung, auch seiner eigenen, verweisen: "Man habe stets vor Augen, daß meine Demonstrationen und meine Rhetorik keinerlei »tiefe Überzeugung« ausdrücken."(WM, 52)

Problematisch an einem solchen dauerhaften, quasi ontologisierten heuristischen Vorbehalt ist es, daß sich Feyerabend damit mehr der Kritik bzgl. seines eigenen Anspruchs entzieht, als daß er zur Klärung desselben beiträgt. Plakativ gesagt: Wenn er keine Position tatsächlich einnimmt, müßte er dann nicht vollständig schweigen? Vom Wesen des wissenschaftlichen oder philosophischen Diskurses her scheint es vielmehr gar nicht möglich, sich vom Wahrheitsanspruch der eigenen Position zu dispensieren, da man unter Vorgabe solcher Dispensierung in einen performativen Selbstwiderspruch gerät.[88]

Feyerabends wissenschaftstheoretische Position, die Ablehnung einer jeden prinzipiellen und durchgängigen Methodologie ist nur vor dem Hintergrund seiner Auseinandersetzung mit dem Falsifikationismus des Kritischen Rationalismus zu verstehen. Daher erscheint es ratsam, der wissenschaftstheoretischen Problemstellung falsifikationistischer Methodologie nachzuge-hen, bevor die Konsequenzen dargestellt werden, die Feyerabend daraus zieht.

---

[85] Hochkeppel, a.a.O., 291.
[86] Vgl. ebd. .
[87] Feyerabend, Der wissenschaftstheoretische Realismus und die Autorität der Wissenschaften, 248.
[88] Vgl. dazu Karl-Otto Apels Argumentation in Kap. 2.3.4 wie auch Hansjürgen Verweyens Kritik an Heideggers Wesensbestimmung des Menschen als Frage in Kap. 3.1 der vorliegenden Arbeit.

2.1.4 Erläuterungen zum Kritischen Rationalismus

2.1.4.1 Falsifizierbarkeit statt Verifikation

Karl R. Popper hat gegen Rudolf Carnap und die logischen Positivisten des Wiener Kreises gezeigt, daß allgemeine Gesetzeshypothesen nicht empirisch verifizierbar sind, d.h. nicht an Erfahrung unmittelbar geprüft werden können. Im Hintergrund dieser Aussage steckt Poppers Auffassung, daß das Induktionsproblem nicht logisch lösbar ist, also der Schluß von einer Beobachtung/einem Beobachtungssatz auf ein Gesetz unzulässig ist, da das Induktionsprinzip selbst nicht empirisch legitimierbar ist, und seine Annahme unweigerlich zu einem regressus in infinitum führt.[89] Die Kluft zwischen einzelnen Erfahrungsgegenständen und Theorien ist induktiv nicht überspringbar, sondern bedarf der schöpferischen Leistung des Subjekts. Popper sagt: *"Wir wissen nicht, sondern wir raten."*(LdF, 223)

Im Gegensatz zu Kants Ansatz, die synthetischen Urteile der Naturwissenschaft als apriorisch und damit sicher zu betrachten[90], beharrt Popper auf dem grundsätzlich hypothetischen Charakter auch der Naturwissenschaften, deren Theorien bleibend auf dem Glauben an Gesetzmäßigkeiten der Natur beruhen und daher immer "Antizipationen [...], leichtsinnige und voreilige Annahmen"(LdF, 223) sind. Eine Abgrenzung der Wissenschaft von reiner Spekulation kann folglich nicht durch ein empiristisches oder positivistisches Überspringen des Induktionsproblems erfolgen, sondern nur durch einen kritizistischen Plausibilitätsdiskurs. "Der positivistische Radikalismus vernichtet mit der Metaphysik auch die Naturwissenschaft: Auch die Naturgesetze sind auf elementare Erfahrungssätze *logisch* nicht zurückführbar."(LdF, 11)

Als Abgrenzungskriterium für empirische Wissenschaft von metaphysischer Spekulation führt Popper anstelle der Verifizierbarkeit die Falsifizierbarkeit von Theorien an der Erfahrung ein. Sein Gedankengang läßt sich folgendermaßen zusammenfassen: Da Allaussagen (wissenschaftliche Theorien) prinzipiell unendlich viele Anwendungsbeispiele umfassen, eine Beobachtungsreihe aber immer nur endlich viele Beispiele heranziehen kann, ist statt einer Verifikation nur die Falsifikation von Gesetzeshypothesen möglich, indem eine einzelne Existenzaussage, ein sogenann-

---

[89] Vgl. Popper, Logik der Forschung (LdF), 4f. Nach Habermas läßt sich das Induktionsprinzip zwar weder logisch deduktiv, noch empirisch, aber sprachkritisch legitimieren. Vgl. Kap. 2.2.4.2.
[90] Vgl. LdF, XXIV.

ter Basissatz, zur Allaussage (universeller Es-gibt-nicht-Satz) in Widerspruch gebracht werden kann.[91]
Nach Popper ist damit allerdings das Problem der Anwendung von Theorie auf Erfahrung nur von den allgemeinen Hypothesen auf die singulären Basissätze verschoben. Da auch in den Basissätzen bereits ein theoretischer Überschuß vorhanden ist, d.h. eine Vielzahl allgemeiner Gesetzeshypothesen bereits impliziert ist, deren Gültigkeit wiederum nicht rein empirisch verifiziert werden kann, kommt Popper zu dem Ergebnis, daß auch Beobachtungssätze nicht empirisch verifizierbar sind. "Wir können keinen wissenschaftlichen Satz aussprechen, der nicht über das, was wir „auf Grund unmittelbarer Erlebnisse" sicher wissen können, weit hinausgeht („Transzendenz der Darstellung"); jede Darstellung verwendet allgemeine Zeichen, Universalien, jeder Satz hat den Charakter einer Theorie, einer Hypothese. Der Satz: „Hier steht ein Glas Wasser" kann durch keine Erlebnisse verifiziert werden, weil die auftretenden Universalien nicht bestimmten Erlebnissen zugeordnet werden können [...] Mit dem Wort „Glas" z.B. bezeichnen wir physikalische Körper von bestimmtem (gesetzmäßigem) Verhalten, und das gleiche gilt von dem Wort „Wasser". Universalien sind nicht auf Klassen von Erlebnissen zurückführbar, sie sind nicht „konstituierbar" [in Carnaps Terminologie]."(LdF, 61)
Da also laut Popper "Beobachtungen und erst recht Sätze über Beobachtungen und über Versuchsergebnisse immer *Interpretationen* der beobachteten Tatsachen sind und [...] *Interpretationen im Lichte von Theorien* sind"[92], können Wahrnehmungserlebnisse gleich welcher Art niemals einen Basissatz begründen.[93]

2.1.4.2 Hans Albert: Kritizismus statt letzte Begründung

Angesichts der Begründungsproblematik theoretischer Sätze gerät man nach Jakob F. Fries in das 'Trilemma', einen Satz unbegründet, also dogmatisch, einzuführen, ihn aus anderen Sätzen zu deduzieren, was zwangsläufig in einen infiniten Regreß führt, oder ihn auf direkte Wahrnehmungsevidenz zu gründen, was nur psychologistisch möglich ist.[94]

---

[91] Vgl. LdF, 47-59. Da kein Basissatz zu einem universellen Es-gibt-Satz in Widerspruch stehen kann, sind universelle Es-gibt-Sätze nicht falsifizierbar und somit auch nicht empirisch-wissenschaftlich. Vgl LdF, 40.
[92] LdF, 72, Anm. *2.
[93] Vgl. LdF, 71. Aus diesem Grund lehnt Popper auch den Ausdruck 'Protokollsätze' der Induktionslogiker ab und ersetzt ihn durch den Terminus 'Basissätze'. Vgl. LdF, 61-69.
[94] Vgl. LdF, 60.

Hans Albert faßt im Gefolge Poppers die Trilemmasituation unter Ausschaltung des Psychologismus neu und bezeichnet sie in Anlehnung an den Lügenbaron als 'Münchhausen-Trilemma'. Bei der Suche nach dem archimedischen Punkt der Erkenntnis gerät man ihm zufolge in eine dreifache Aporie, so daß zu wählen ist zwischen: "1. einem *infiniten Regreß*, der durch die Notwendigkeit gegeben erscheint, in der Suche nach Gründen immer weiter zurückzugehen, der aber praktisch nicht durchzuführen ist und daher keine sichere Grundlage liefert; 2. einem *logischen Zirkel* in der Deduktion, der dadurch entsteht, daß man im Begründungsverfahren auf Aussagen zurückgreift, die vorher schon als begründungsbedürftig aufgetreten waren, und der, weil logisch, fehlerhaft, ebenfalls zu keiner sicheren Grundlage führt; und schließlich 3. einem *Abbruch des Verfahrens* an einem bestimmten Punkt, der zwar prinzipiell durchführbar erscheint, aber eine willkürliche Suspendierung des Prinzips der zureichenden Begründung involvieren würde."[95]

Da die beiden ersten Alternativen logisch ungangbar sind, wählte die klassische Erkenntnistheorie laut Albert Alternative drei, wobei sie zur Sicherung letzter Gewißheit allerdings auf Offenbarung zurückgreifen mußte. Das führte unter Beibehaltung der Vorgabe, letzte Gewißheit erreichen zu wollen, notwendig zu Dogmatisierungen, die sich so vor jedweder Kritik immunisierten.[96] Dogmatisierungen entstammen folglich dem Gewißheitsstreben bzw. der Suche nach dem archimedischen Punkt der Erkenntnis. Ihr pragmatisches Implikat heißt nach Albert allerdings, daß der "Wille zur Gewißheit" über den "Willen zur Erkenntnis der Wirklichkeit" siegt.[97] Da Gewißheit aber an jeder beliebigen Stelle durch Immunisierung hergestellt werden kann, ist der Erkenntniswert des so erstellten Dogmas in Frage gestellt.[98] Die Annahme der klassischen Erkenntnistheorie, daß Wahrheitssuche und Gewißheitsstreben miteinander vereinbar seien, lehnt Albert daher mit der Begründung ab: "*Alle Sicherheiten in der Erkenntnis sind selbstfabriziert und damit für die Erfassung der Wirklichkeit wertlos.*"[99]

Nach Albert entsteht die Trilemmasituation erst gar nicht, wenn die Suche nach der zureichenden Begründung durch die Idee der kritischen Prüfung ersetzt wird. "Setzt man [...] an die Stelle der Begründungsidee die *Idee der kritischen Prüfung*, der kritischen Diskussion aller in Frage kommenden Aussagen mit Hilfe rationaler Argumente, dann verzichtet man zwar auf selbstproduzierte Gewißheiten, hat aber die Aussicht, durch Versuch

---

[95] Albert, Traktat über kritische Vernunft, 13.
[96] Vgl. a.a.O., 29f.
[97] A.a.O., 34.
[98] Vgl. ebd..
[99] A.a.O., 30.

und Irrtum - durch versuchsweise Konstruktion prüfbarer Theorien und ihre kritische Diskussion an Hand relevanter Gesichtspunkte - der Wahrheit näher zu kommen, ohne allerdings jemals Gewißheit zu erreichen."[100]
Als Ergebnis einer derart konzipierten Idee der Kritik kann festgehalten werden: "Ein *konsequenter Kritizismus*, der keinerlei Dogmen zuläßt, involviert dagegen notwendigerweise einen *Fallibilismus* in bezug auf jedwede mögliche Instanz."[101] Nach Gunnar Andersson bedeutet das, "daß nicht nur allgemeine Hypothesen, sondern auch Prüfsätze (Beobachtungssätze oder »Basissätze«) fallibel sind. [...] ja diese Auffassung ist sogar grundlegend für die Methodologie des *kritischen* Rationalismus."[102] Diese Fallibilität ergibt sich letztlich dadurch, daß auch Prüf- oder Beobachtungssätze durch Entscheidungen zustande kommen bzw., wie Popper sagt, "*willkürliche Festsetzungen*"(LdF, 74) sind, und somit die empirische Basis der empirisch-analytischen Wissenschaften nichts "Absolutes"(LdF, 75) ist. "Während wir uns vom *Konventionalismus* durch die Auffassung unterscheiden, daß es *nicht allgemeine, sondern singuläre Sätze* sind, über die wir Festsetzungen machen, so liegt der Gegensatz zwischen uns und dem *Positivismus* in unserer Auffassung, daß die Entscheidung über die Basissätze nicht durch unsere Erlebnisse „begründet" werden, sondern, logisch betrachtet, *willkürliche Festsetzungen* sind."(LdF, 74)
Den Unterschied zwischen Begründung und Beschlußfassung bzw. Entscheidung erläutert Popper an Hand des älteren Schwurgerichtsverfahrens, wobei das Aufstellen eines Basissatzes durch Wissenschaftler der Feststellung eines Sachverhalts als Tatbestand durch die Geschworenen entspräche, auf den dann das Gesetzessystem (die Theorie) angewendet werden kann.[103]
An dieser Stelle stoßen wir auf das zugrundeliegenden Wahrheitsverständnis des Kritischen Rationalismus.

2.1.4.3 Wahrheitsbegriff und Realitätsverständnis

In Anlehnung an Alfred Tarski, der nach Auffassung Poppers die Korrespondenztheorie der Wahrheit durch die Einführung einer Metasprache, die es ermöglicht, über Aussagen (Objektsprache) zu reden und Tatsachen

---

[100] A.a.O., 35.
[101] A.a.O., 36. Eine explizite Kritik dieses universalen Fallibilismus liefert Apel transzendentalpragmatisch unter Verwendung des Retorsionsarguments. Vgl. dazu Kap. 2.3.4 dieser Arbeit.
[102] Andersson, a.a.O., 163.
[103] Vgl. LdF, 74f.

zu beschreiben, rehabilitiert hat, definiert Popper Wahrheit als Übereinstimmung einer Theorie, Aussage, Behauptung etc. mit Tatsachen der wirklichen Welt.[104] Umgekehrt sei es allerdings genauso möglich, "»Wirklichkeit« als »Übereinstimmung mit der Wahrheit« zu definieren."[105] Da aber der Korrespondenzbegriff kein Wahrheitskriterium liefere, ob und wann eine Aussage mit den Tatsachen übereinstimmt, spiele der Wahrheitsbegriff "im wesentlichen die Rolle einer regulativen Idee"[106] im Sinne Kants.

Obwohl es Popper also eines Kriteriums ermangelt, wann eine Aussage über die Wirklichkeit wahr oder auch nur wahrscheinlich ist, will er Realist bleiben, der die Außenwelt als Realität betrachtet. Um dennoch einen Bewertungsmaßstab für Theorien über die reale Welt zu erhalten, entwirft er den Begriff der *'Wahrheitsnähe'*[107] bzw. der "*Wahrheitsähnlichkeit*", der es seiner Auffassung nach ermöglicht, "sinnvoll von *Theorien* zu sprechen, *die bessere oder schlechtere Näherungen an die Wahrheit sind*"[108]. Eine Theorie ist der Wahrheit näher, heißt, sie stimmt mehr mit den Tatsachen überein als eine andere bzw. beschreibt die Welt besser, wenn ihr Wahrheitsgehalt ihren Falschheitsgehalt stärker übersteigt als der einer anderen, was soviel bedeutet wie, daß mehr auftretende Phänomene erklärbar werden. Allerdings insistiert Popper mit Nachdruck darauf, daß es auch für die Anwendung des Begriffs Wahrheitsähnlichkeit kein Kriterium gibt.[109]

Obwohl Tarski seinen semantischen Wahrheitsbegriff selbst als neutral gegenüber den Streitfragen zwischen Realismus und Idealismus betrachtet, sieht Popper dadurch seine Position eines kritischen Realismus des Alltagsverstandes gestärkt.[110] Es läßt sich mit Albrecht Wellmer zu Recht feststellen, daß Popper den von Tarski metalogisch eingeführten Korrespondenzbegriff der Wahrheit ontologisch verwendet und damit in eine Aporie gerät.[111] Poppers Realismus widerspricht seiner falsifikationistischen Methodologie. Er ist letztlich nur als metaphysischer Sprung, als

---

[104] Vgl. Popper, Objektive Erkenntnis, 341-344. Natürlich darf die Terminologie 'Meta- und Objektsprache' nicht so verstanden werden, als lägen hier zwei klinisch voneinander getrennte Bereiche vor. Es zeichnet natürliche Sprachen ja gerade aus, daß sie reflexiven Charakters sind und als Explikationssprache ihrer selbst verwendet werden können. Vgl. dazu Habermas, Was heißt Universalpragmatik?, 195.
[105] Popper, Objektive Erkenntnis, 357.
[106] A.a.O., 345.
[107] Vgl. LdF, 428-433.
[108] Popper, Objektive Erkenntnis, 363.
[109] Vgl. ebd. .
[110] A.a.O., 351. Von hierher läßt sich auch Feyerabends Plädoyer für einen naiven Realismus als Absetzung von Popper verstehen. Vgl. dazu Kap. 2.1.1 .
[111] Vgl. Wellmer, Methodologie, 233.

Glaube an die Wirklichkeit der Welt möglich. Popper selbst bezeichnet ihn als "metaphysischen Realismus"(LdF, 226), der ein Implikat der kritizistischen Lösung des Induktionsproblems ist, da Rechtfertigung einer Theorie durch Rechtfertigung der Bevorzugung einer Theorie ersetzt wird.

Poppers Realismus beruht somit auf einem Dezisionismus, der mit Hilfe der Konstruktion der Wahrheitsnähe empirisch-analytischer Theorien die selbst aufgewiesene methodologische Schwierigkeit der Falsifikation zu nivellieren droht und die methodische Notwendigkeit von Festlegung und Übereinkunft in der empirisch-analytischen Theoriebildung metaphysisch übersteigt. Es läßt sich somit resümieren: Die empirische Grundlage auch der empirisch-analytischen Wissenschaften kommt letztlich, wie Popper selbst sagt[112], durch Festlegung zustande, und die Basis kritisch-rationalistischer Methodologie ist ein Glaube an Gesetzmäßigkeiten der Welt.

2.1.4.4 Imre Lakatos: Konkurrenz von Forschungsprogrammen

Wie kann allerdings angesichts eines prinzipiellen Fallibilismus aller Theorien über die Wirklichkeit ein Fortschritt der empirischen Wissenschaften überhaupt angenommen werden?

Im Gefolge von Popper hat Imre Lakatos die falsifikationistische Methodologie weiterentwickelt. Er ist bestrebt, das "konventionelle Element im Falsifikationismus" zu reduzieren und den "naiven" durch einen "raffinierten" Falsifikationismus zu ersetzen.[113] Dazu muß das "monotheoretisch deduktive" Modell der Überprüfung einer Theorie an Tatsachen durch das Modell der konkurrierenden Theorienreihen bzw. Forschungsprogramme ersetzt werden.[114] "Nicht eine isolierte *Theorie*, sondern nur eine Reihe von Theorien kann wissenschaftlich oder unwissenschaftlich genannt werden. [...] Das altehrwürdige, empirische Kriterium für eine befriedigende Theorie war Übereinstimmung mit den beobachteten Tatsachen. Unser empirisches Kriterium für eine Reihe von Theorien ist die Produktion neuer Tatsachen."[115]

Ziel wissenschaftlicher Untersuchung kann demnach nicht die Ablösung einer als an den Tatsachen widerlegt geltenden Theorie sein - das Ba-

---

[112] Siehe Kap. 2.1.4.2 .
[113] Lakatos, Falsifikation und die Methodologie wissenschaftlicher Forschungsprogramme, 113.
[114] Vgl. a.a.O., 126-128.
[115] A.a.O., 116f.

sisproblem bleibt bestehen -, sondern vielmehr die Auflösung von Widersprüchen zwischen konkurrierenden Forschungsprogrammen. Unter Falsifikation versteht Lakatos folglich "*nicht einfach eine Relation zwischen einer Theorie und der empirischen Basis, sondern eine vielstellige Relation zwischen konkurrierenden Theorien, der ursprünglichen 'empirischen Basis' und dem empirischen Wachstum, zu dem der Wettstreit der Theorien führt.*"[116] Lakatos kommt zu dem beachtenswerten Ergebnis: "Man kann also sagen, daß die Falsifikation einen *historischen Charakter* hat."[117]
Mit Helmut Peukert läßt sich daraus schlußfolgern, daß die Wissenschaftstheorie als Theorie der empirischen Wissenschaft ihre geschichtliche und gesellschaftliche Dimension berücksichtigen und zu einer "Theorie rationaler Interaktion" transformiert werden muß, "die diesen Diskurs von vornherein in seiner Abhängigkeit von gesellschaftlichen Strukturen sieht und von vornherein die geschichtliche Dimension [...] als Horizont solcher Diskurse ansetzt."[118] Damit stellt sich Peukert in die Linie der Habermasschen Theorie kommunikativen Handelns, die als Antwort auf einige der durch die kritisch-rationalistische Wissenschaftstheorie aufgeworfenen Fragen gelten kann und in Kapitel 2.2 behandelt wird.

2.1.5 Feyerabends Frontstellung zum Kritischen Rationalismus als Ausgangspunkt der Ablehnung von Vernunft

Laut Feyerabend ist die konsequente Anwendung des Falsifikationsprinzips, wie auch die der Verifikation, in den Wissenschaften unmöglich, denn "jedes Gesetz, das wir entdecken, ist von Störungen umgeben, die groß genug sind, es zu widerlegen. *In dieser Welt* vernichtet auch die Methode der Falsifikation die Wissenschaft, ohne etwas Vergleichbares an ihre Stelle zu setzen."[119]
Ein Blick in die tatsächliche Geschichte der Wissenschaften zeigt seiner Meinung nach zu-dem, daß wissenschaftlicher Fortschritt, wie auch immer

---

[116] A.a.O., 117. Eine ähnliche Überlegung stellt Habermas an. Seiner Auffassung nach können auch in den empirischen Wissenschaften nicht einzelne Sätze, sondern nur ganze Satzsysteme geprüft werden. Er konzipiert diese Prüfung allerdings nicht mit Hilfe der Korrespondenz-, sondern der Konsenstheorie der Wahrheit, die auf eine substantielle Sprachkritik zielt. Vgl. Kap. 2.2.4 .
[117] Ebd. .
[118] Peukert, Wissenschaftstheorie - Handlungstheorie - Fundamentale Theologie, 159.
[119] Feyerabend, Der wissenschaftstheoretische Realismus und die Autorität der Wissenschaften, 227.

ein solcher angesichts der aufgezeigten Kriterienproblematik von ihm erhoben werden kann, nicht nach dem strengen Falsifikationsmuster erzielt wurde: "[W]ohin man auch blickt, welche Beispiele man auch betrachtet, es zeigt sich, daß die Grundsätze des kritischen Rationalismus (nimm Falsifikationen ernst; vermehre den Gehalt; vermeide ad-hoc-Hypothesen [...]) und um so mehr die Grundsätze des logischen Empirismus (sei genau; gründe deine Theorien auf Messungen; vermeide unklare und schwankende Gedanken; usw.) eine unrichtige Darstellung der Entwicklung der Wissenschaft in der Vergangenheit geben und die Wissenschaft in der Zukunft nur behindern können."(WM, 249)

Um diese These zu erhärten, wählt Feyerabend Beispiele aus der faktischen Wissenschaftsgeschichte. So versucht er etwa nachzuweisen, daß Galilei bei seiner Anerkennung der kopernikanischen Bewegungstheorie der Erde gegenüber der althergebrachten ptolemäischen Fixpunkttheorie allgemein anerkannte, den Kopernikus falsifizierende Beobachtungen mißachtet und statt dessen ad-hoc-Hypothesen eingeführt habe.[120] Ob in diesem konkreten Fall Feyerabends Urteil - "Galilei wandte also *tatsächlich* ad-hoc-Hypothesen an. Und das war *gut so*."(WM, 144) - zutrifft, oder ob dieses Beispiel eher die Übereinstimmung von Galileis Vorgehen mit einem konsequenten Falsifikationismus aufzeigt, - "weil Feyerabend den Begriff »Ad-hoc-Hypothese« in einem anderen Sinn verwendet als Popper. Die von Feyerabend angeführten Hypothesen sind [...] eher ein Beispiel der Verwendung der hypothetisch-deduktiven Methode."[121] - wie Andersson zu zeigen bemüht ist, ist hier nicht weiter von Interesse. Entscheident ist vielmehr die Konsequenz, die Feyerabend aus der falsifikationistischen Problematik empirisch-analytischer Wissenschaft für die Vernunft überhaupt zieht.

Nach Poppers eigenem Dafürhalten muß man eingestehen, daß die falsifikationistische Methodologie nicht rein rational begründbar ist, da falsifizierende Basissätze nicht logisch konsistent auf reine empirische Basis rückführbar sind, daß somit also auch die empirischen Wissenschaften auf theoretischen **Entscheidungen** beruhen. Feyerabend zieht daraus die Schlußfolgerung, daß die Vernunft auch in den Wissenschaften keine Alleinherrschaft besitzt noch beanspruchen kann, sondern andere Faktoren in die wissenschaftliche Entwicklung einfließen und diesen der ihnen gebührende Stellenwert gegeben werden muß.[122] Der Rationalismus in den Wissenschaften sei infolgedessen nicht mehr rational zu begründen, sondern nur noch irrational zu glauben und darum auch auf eine neue, umfassende

---

[120] Vgl. WM, Kap. 6-8.
[121] Andersson, Feyerabends Kritik des kritischen Rationalismus, 173.
[122] Vgl. WM, 250.

Rationalität hin zu übersteigen, die, um in Feyerabends Sprachgebrauch zu bleiben, alle menschlichen Traditionen, nicht nur die abstrakten, umfaßt.[123] So wird der Grundgedanke 'anything goes' für Feyerabend zum einzigen Ausweg aus der kritisch-rationalistischen Aporie: "›Anything goes‹ ist also nicht ein ›Prinzip‹, das *ich* einführe, sondern eine etwas scherzhafte Darstellung der Situation des Rationalisten: er will allgemeine Prinzipien haben, muß sie aber angesichts des von mir gebotenen Materials mehr und mehr allen Inhalts entleeren. ›Anything goes‹ ist alles, was übrigbleibt."(EfM, 87)
Von welcher veränderten Rationalität spricht Feyerabend? Vernunft und Rationalität be-trachtet er, wenn auch in Abgrenzung dazu, im Kontext des wissenschaftstheoretischen Paradigmas des kritischen Rationalismus. Damit wird aber die Vernunft auf naturwissenschaftlich-technische, allgemein gesprochen, empirisch-analytische Betätigung im Umgang mit der Welt beschränkt. Rationalität wird, um mit Habermas zu sprechen, auch von Feyerabend "im Funktionskreis instrumentalen Handelns"[124] angesiedelt.

2.1.6 Anarchistische Erkenntnistheorie?

Die Frage, die sich abschließend stellt, ist die nach Feyerabends Selbstbezeichnung als anarchistischer Erkenntnistheoretiker. Ist seine Regel- und Methodenreserviertheit anarchistische Erkenntnistheorie? Zur Beantwortung dieser Frage scheint es hilfreich, eine kurze Skizze dessen zu entwerfen, was gemeinhin philosophisch unter Erkenntnistheorie verstanden wird.
Die traditionelle Fragestellung Platons: Was ist Erkenntnis?[125], erfuhr in der Neuzeit mit Descartes eine Akzentverschiebung auf das Subjekt hin. Sie lautet seitdem: Wie ist sichere Erkenntnis für das Subjekt möglich?[126] Mit Kant erhielt sie eine weitere Spezifizierung auf die Frage hin: Welches sind die apriorischen Bedingungen der Möglichkeit von Erkenntnis im Subjekt?[127]
Klassische Erkenntnistheorie im Gefolge Kants fragte und fragt seitdem transzendentalphilosophisch nach den Möglichkeitsbedingungen der Er-

---

[123] Vgl. EfM, 84f.
[124] Habermas, Erkenntnis und Interesse, 156.
[125] Vgl. Platon, Theaitetos, 145e9-146a1.
[126] Vgl. Descartes, Meditationes de prima philosophia, Med. I, 1/AT VII, 17.
[127] Vgl. dazu Kant, Kritik der reinen Vernunft, A 1-16/B 1-30, hier besonders B 25.

kenntnis. Die Vernunft ist dabei "notwendige Bedingung der Erkenntniseinheit"[128]. Erkenntnistheorie geht es demnach um die stabilen Faktoren, um die apriorischen Strukturen der Vernunft, die angenommen werden müssen, um so etwas wie verschiedene materiale Erkenntnisse überhaupt erst zu ermöglichen. In der Erkenntnistheorie geht es dagegen nicht um verschiedene Weltvorstellungen, -bilder oder -anschauungen, nicht um Relationen zur Welt, sondern, wie Rolf Herken sagt, um "die Natur dieser Relationen", um die "invarianten Strukturen"[129], die das Verständnis von etwas erst möglich machen. Die Untersuchung dieser Invarianten zielt folglich auf die formale Struktur der Erkenntnis, nicht auf deren materiale Inhalte.

Herken ist der meiner Ansicht nach berechtigten Auffassung, daß Feyerabend Erkenntnistheorie material faßt, sie als Beschreibung von Inhalten bestimmter Erkenntnisse (miß)versteht.[130] So äußert sich Feyerabend über Erkenntnis beispielsweise folgendermaßen: "[S]ie ist keine allmähliche Annäherung an die Wahrheit. Sie ist ein stets anwachsendes *Meer miteinander unverträglicher (und vielleicht sogar inkommensurabler) Alternativen [...]*".(WM, 48) Eine auch nur angenommene Inkommensurabilität verschiedener Theorien, also quantifizierter Erkenntnisse, erfordert aber eine höhere Verständniseinheit. Für Feyerabend scheint Erkenntnistheorie diese Verständniseinheit auf materialer Ebene zu suchen in der "Stabilität des Sinns" oder aber zumindestens durch "stabile und wohldefinierte Sinnelemente"[131], wie er in Poppers Suche nach Basissätzen zu erkennen glaubt.

Hingegen ist es vielmehr so, daß bestimmte invariante Strukturen Inkommensurabilität einzelner Theorien erst ermöglichen. Diese können natürlich nicht im Bereich materialer Begriffs- und Theoriebildungen gesucht werden, sondern in einer Stabilität der Vernunft, die hinter konkreten Sinnelementen liegt. So sagt auch Herken: "Es muß jedoch eine ganz anders geartete Stabilität von Begriffsbildungen in unserem ›Bewußtsein‹ geben, die [...] möglicherweise sehr viel starrer ist, als es auf der durch Introspektion zugänglichen ›Innenseite‹ aussehen mag oder es aus dem ›Vergleich‹ inkommensurabler Theorien [...] zu ersehen wäre."[132]

Nach dieser Stabilität zu fragen, ist Aufgabe der Erkenntnistheorie. Feyerabend hingegen scheint Erkenntnistheorie mit Wissenschaftstheorie zu verwechseln, die nach stabilen Sinnelementen sucht, um durch Rekon-

---

[128] Lenk, Feyerabend oder Feierabend für die Erkenntnistheorie?, 36.
[129] Beide Zitate: Herken, »Erkenntnistheorie«, 226.
[130] Vgl. a.a.O., 224.
[131] Beide Zitate: WM, 391.
[132] Herken, a.a.O., 228.

struktion der Ergebnisse der empirischen Wissenschaften die Grenzen materialen Wissens (Theorien und Weltbilder) auszuleuchten.[133] Dabei stellt er den völligen Umsturz und die nur relative Bedeutsamkeit aller Theorien in der faktischen Wissenschaftsgeschichte fest.[134]

Natürlich steht alles menschliche Denken und Erkennen immer im Horizont individueller und soziokultureller Vorprägung. Das hat die hermeneutische Philosophie deutlich herausgearbeitet.[135] Damit tritt die Vernunft auch nie als reine, ungeschichtliche Vernunft, sondern faktisch immer schon als geschichtlich beeinflußte Vernunft auf. Allerdings darf die hermeneutische Situation des Menschen nicht verabsolutiert bzw. ontologisiert werden. Reflexion des Geistes geht nicht vollständig in Hermeneutik auf, da es ansonsten kein Durchbrechen der Tradition und der Herrschaft ideologischer Autorität geben könnte. Ideologiekritik wäre angesichts einer prinzipiell hermeneutisch verfaßten Vernunft unmöglich.[136] Man könnte also mit Lenk sagen, daß Vernunft eine "analytische abstrakt-idealtypische Modellkonstruktion"[137] ist, oder, um mit Kant zu sprechen, eine regulative Idee[138], und als solche notwendige, aber noch nicht hinreichende Bedingung empirisch-analytischer Erkenntnis.

Durch die pragmatische Verflechtung der Vernunft in den historischen Kontext werden aber ihre apriorischen Strukturen nicht beliebig und sind dem Menschen auch nicht verfügbar, wie es bei Feyerabend manchmal den Anschein hat. Die Möglichkeitsbedingungen aller wissenschaftlichen und nichtwissenschaftlichen Einzelerkenntnis der uns begegnenden Welt unterliegen eben nicht dem Wandel von Weltbildern und somit auch nicht freier, demokratischer Entscheidung. Auch ein Feyerabendscher Relativismus findet seine Grenze an den Invarianten des Subjekts. Erkenntnistheorie kann nicht anarchistisch sein!

---

[133] Vgl. a.a.O., 224f.
[134] Vgl. WM, 262.
[135] Vgl. bspw. Gadamer, Wahrheit und Methode.
[136] Vgl. Habermas, Zu Gadamers >Wahrheit und Methode<, 49f.
[137] Lenk, Feyerabend oder Feierabend für die Erkenntnistheorie, 36.
[138] Vgl. ebd.

2.2 Jürgen Habermas' universalpragmatische Begründung kommunikativer Vernunft

2.2.1 Programmatischer Aufriß: Einheit von Erkenntnis und Interesse

Habermas' Theoriebegriff distanziert sich dezidiert von einem antiken Theorieverständnis, das Theorie, von jedwedem Interesse gereinigt, als reine Theorie, bloße Vernunft begriffen hat. Damit stellt er sich expressis verbis in die philosophische Linie von Kant und Fichte, die, seiner Auffassung nach, das Vernunftinteresse in die Philosophie eingebracht haben. Dementsprechend betont Habermas: "Schon in *Kants* Transzendentalphilosophie taucht der Begriff eines Vernunftinteresses auf; aber erst *Fichte* kann, nachdem er die theoretische Vernunft der praktischen untergeordnet hat, den Begriff im Sinne eines emanzipatorischen, der handelnden Vernunft selber innewohnenden Interesses entfalten."[139]

Bei Kant ist, Habermas zufolge, das Interesse an moralischen Handlungen ein nicht empirisch bedingtes Konstrukt der reinen praktischen Vernunft, das von dieser an die reine theoretische Vernunft herangetragen wird. Demgemäß existiert für Kant noch eine vom Vernunftinteresse unabhängige theoretische Vernunft.[140]

Erst von Fichte wird das Interesse als Teil der Vernunft selbst erkannt, d.h. Vernunftinteresse ist nicht ein der Vernunft Nachträgliches sondern Konstitutionselement der Vernunft selbst. "Erst in Fichtes Begriff der interessierten Selbstreflexion verliert das der Vernunft eingewobene Interesse seine Nachträglichkeit und wird konstitutiv für Erkennen und Handeln gleichermaßen."[141]

Im Anschluß an Fichte betrachtet Habermas die Vernunft immer auch zugleich unter dem Aspekt des Willens zur Vernunft. D.h. Vernunft hat ein Interesse an ihrer Vernünftigkeit, das in der Reflexion der Vernunft auf sich selbst zur Erkenntnis wird. "In der Selbstreflexion gelangt eine Erkenntnis um der Erkenntnis willen mit dem Interesse an Mündigkeit zur Deckung; denn der Vollzug der Reflexion weiß sich als Bewegung der Emanzipation."[142] Die Vernunft des Menschen folgt also nach Habermas einem "emanzipatorischen Erkenntnisinteresse"[143].

---

[139] Habermas, Erkenntnis und Interesse, 244.
[140] Vgl. a.a.O., 252-254.
[141] A.a.O., 258.
[142] A.a.O., 244.
[143] Ebd..

Habermas übernimmt nun zwar die Einheit von Vernunft und Interesse von Fichte, allerdings nicht in dessen früher systematisch-idealistischer Gestalt eines sich selbst und die Welt setzenden absoluten Ichs, sondern in der (nicht von Fichte stammenden) Denkfigur des Menschen als Gattungssubjekt, dessen Konstitution nicht allein durch Reflexion bestimmt ist.[144] Hierin zeigt sich seine Verbindung zum Marxschen Dialektischen Materialismus, dem er allerdings vorwirft, das Verhältnis von Vernunft und Interesse einseitig unter der Perspektive der gesellschaftlichen Arbeit, also instrumentalen Handelns, konzipiert zu haben, ohne auf Interaktion und Kommunikation als Bedingungen für Erkenntnis systematisch zu reflektieren.[145]

Aus dem Gesagten ergibt sich gleichsam ein erster Einblick in Habermas' eigenes Theorieverständnis. Das erkenntnisleitende Interesse der Vernunft, d.h. das emanzipatorische Interesse an Mündigkeit, wird in der Selbstreflexion erkannt, ist aber mit anderen Interessen verwoben: "Ja, in gewisser Weise bedarf es der materialistischen Umdeutung des idealistisch eingeführten Vernunftinteresses: das emanzipatorische Interesse ist seinerseits abhängig von den Interessen an möglicher intersubjektiver Handlungsorientierung und an möglicher technischer Verfügung."[146]

2.2.2 Wider Positivismus und universale Hermeneutik

2.2.2.1 Gegen eine Verkürzung von Rationalität zu instrumenteller Vernunft

Ausgehend von der aporetischen Situation des Falsifikationismus zeigt Habermas in Auseinandersetzung mit dem kritischen Rationalismus auf, daß die Applikation von Regeln, also die Anwendung von Theorie auf Erfahrungsgegenstände, zwingend in einen hermeneutischen Zirkel führt: "Man kann generelle Regeln nicht anwenden, wenn nicht zuvor über Tatsachen, die sich darunter subsumieren lassen, befunden ist; andererseits können diese Tatsachen nicht vor einer Anwendung jener Regeln als relevante Fälle festgestellt werden."[147] Somit kann er behaupten, daß ein her-

---

[144] Vgl. a.a.O., 258f. Aus dem gleichen Grund lehnt Habermas Hegels Selbstbewegung des absoluten Geistes als alleinige Konstitutionstheorie des menschlichen Subjekts ab. Vgl. ebd..
[145] Vgl. a.a.O., 85.
[146] A.a.O., 259.
[147] Habermas, Analytische Wissenschaftstheorie und Dialektik, 304.

meneutisches Vorverständnis nicht nur heuristisch ist, also als Ausgangspunkt und Arbeitsansatz in der Überprüfung von Gesetzeshypothesen dient, sondern auch für die empirisch-analytischen Wissenschaften konstitutiv ist. "So etwas wie experimentell festgestellte Tatsachen, an denen erfahrungswissenschaftliche Theorien scheitern könnten, konstituieren sich erst in einem vorgängigen Zusammenhang der Interpretation möglicher Erfahrung."[148]

Aus der Diskussion des Basisproblems läßt sich zusammenfassend noch einmal feststellen, daß es für Habermas Tatsachen, die von Entscheidungen unabhängig sind, auch in den Erfahrungswissenschaften nicht gibt, sondern daß die Struktur von Erfahrung von dem angelegten Theorietyp abhängig ist.

Das hermeneutische Vorverständnis, auf dem Poppers Annahme oder Ablehnung von Basissätzen beruht, entspricht nach Habermas dem des Systems gesellschaftlicher Arbeit, "der konkreten Verfügung über Natur"[149]. Die Anerkennung der empirischen Geltung der Basissätze ruhe auf dem intersubjektiv erwarteten Handlungserfolg, denn die Antizipation von Gesetzmäßigkeiten in den Basissätzen, die nicht mehr empirisch verifizierbar sind, entspricht nach Habermas dem menschlichen Bedürfnis nach Verhaltensstabilität im Umgang mit der Welt. "Der methodische Vorgriff auf mögliche Gleichförmigkeit der Erscheinungen entspricht aber elementaren Bedürfnissen der Verhaltensstabilität. Erfolgskontrollierte Handlungen können nur in dem Maße auf Dauer gestellt werden, in dem sie von Informationen über empirische Gleichförmigkeiten gesteuert werden."[150]

Das Ziel erfahrungswissenschaftlicher Analysen und Prognosen liegt demnach darin, die Welt handhabbar und instrumental verfügbar zu machen, denn das Zustandekommen empirisch-analytischer Daten ist gerade nicht mehr rein empirisch grundgelegt, sondern von der Art der Anwendung von Theorie auf Wirklichkeit abhängig. Die empirisch-analytische Applikation der Regeln auf Erfahrungsgegenstände ist aber vom Bedürfnis nach Gleichförmigkeit empirischer Gegebenheiten geleitet, um sie erfolgsorientiertem Handeln verfügbar zu machen.

Das erfahrungswissenschaftliche Postulat reiner Erkenntnis und reiner Theorie kann sich nach Habermas nur deshalb mit dem Attribut der Wertfreiheit schmücken, da das erkenntnisleitende Interesse der technischen Verfügbarmachung gegenständlicher Prozesse zwar methodisch praktiziert, aber nicht mehr thematisiert wird, so daß es aus dem Bewußtsein

---

[148] Ders., Gegen einen positivistisch halbierten Rationalismus, 47.
[149] Ders., Analytische Wissenschaftstheorie und Dialektik, 306.
[150] Ders., Gegen einen positivistisch halbierten Rationalismus, 48.

heraustritt.[151] Das heißt, das eigentliche Erkenntnisinteresse wird nicht eigens reflektiert und darum vergessen. Vordergründige empirisch-analytische Wertneutralität kann so mit Habermas als Interesse an Verfügung entlarvt werden: "Wertneutralität hat mit theoretischer Einstellung im klassischen Sinn nichts zu tun, sie entspricht im Gegenteil einer Objektivität der Geltung von Aussagen, die durch Beschränkung auf ein technisches Erkenntnisinteresse ermöglicht - und erkauft wird."[152]
Aufgabe eines dialektischen Wissenschaftsverständnisses ist es nach Habermas daher, auf die Erkenntnisinteressen im Erkenntnisprozeß zu reflektieren, um sich der Illusion zu entledigen, als sei technische Verfügungsgewalt über die Natur, also die Befreiung von natürlichen Zwängen, bereits mit fortschreitender Emanzipation des Menschen gleichzusetzen.[153] Nur wenn Wissenschaft ihre eigenen Zwecke reflektiert, läßt sie sich demnach als kritische Wissenschaft betreiben, so daß sie der Förderung der Emanzipation des Menschen dienen kann.[154]

2.2.2.2 Wider den Universalitätsanspruch hermeneutischen Verstehens

Aufgrund der Argumentationsweise, in der Habermas aufzeigt, daß der Überwindung der aporetischen Situation falsifikationistischer Methodologie des Kritischen Rationalismus durch Rekurs auf den Forscherkonsens letztlich eine Hermeneutik der Instrumentalisierung von Natur zugrunde liegt, könnte das Mißverständnis aufkommen, als vertrete Habermas einen hermeneutischen Universalitätsanspruch. Daß dies jedoch nicht der Fall ist, soll hier kurz aufgezeigt werden, indem die Argumente, die Habermas gegen Gadamers ontologische Vorrangstellung hermeneutischen Sinnverstehens vor jeglicher Kritik[155] anführt, dargestellt werden.
Nach Habermas setzt bereits die psychoanalytische Praxis, die darin besteht, systematisch verzerrte Kommunikation aufzudecken und zu bearbeiten, tiefenhermeneutisches Verstehen, d.h. die Ersetzung einfachen hermeneutischen Verstehens durch szenisches Verstehen voraus und ruht auf einer, zumindest antizipierten, theoretischen Rekonstruierbarkeit der kommunikativen Kompetenz des Analytikers.[156]

---

[151] Vgl. ders., Analytische Wissenschaftstheorie und Dialektik, 307.
[152] A.a.O., 309.
[153] Vgl. a.a.O., 309f.
[154] Vgl. Habermas, Dogmatismus, Vernunft und Entscheidung, 244.
[155] Vgl. ders., Der Universalitätsanspruch der Hermeneutik, 152.
[156] Vgl. a.a.O., 150f, ferner 133-150.

Entscheidender aber sind zwei Argumente, die Habermas gegen Gadamers These der grundsätzlichen Vorurteilsbelastung menschlichen Verstehens und damit gegen dessen Rehabilitierung des Vorurteils vorbringt. Gemäß Habermas führt Gadamers Primat der Tradition, also die konstitutive Einbindung allen menschlichen Verstehens in das Überlieferungsgeschehen, zu einer Identifizierung von Autorität und Vernunft, bzw. von dogmatischer Anerkennung und autonomer Einsicht. Eine Identität beider ist aber nur unter der Voraussetzung von Zwanglosigkeit und Unbeschränktheit gegeben, so daß man mit Habermas auf folgende Bedingung insistieren kann: "Deshalb bedarf es des prinzipiellen Vorbehalts universaler und herrschaftsfreier Verständigung, um dogmatische Anerkennung von wahrem Konsensus grundsätzlich zu unterscheiden."[157] Zum Zweiten macht er gegen die von Gadamer aus der Vorurteilsstruktur abgeleitete "Zurücknahme des Moments der Aufklärung" in den Horizont faktisch geltender Überzeugungen geltend, daß auch ein bestehender sozialer Grundkonsens Ergebnis von Herrschaftsstrukturen und "Pseudokommunikation" sein kann und als solches erkannt werden kann.[158]

Habermas gibt Gadamer zwar Recht in dessen Auffassung, daß wir "das Gespräch, das wir selber sind, nicht transzendieren können"[159], da das transzendentale Bewußtsein als sprachlich verfaßtes immer schon Teil eines Überlieferungszusammenhanges ist, und es als solches kein absolutes Bewußtsein im Sinne Hegels sein und werden kann.[160] Allerdings verweist er darauf, daß das sprachlich artikulierte Bewußtsein nicht einziges und durchgängiges Konstitutionsmoment der sozialen Lebenspraxis ist, sondern diese auch durch die Realitätszwänge der äußeren und inneren Natur, die sich in Arbeit und Herrschaft widerspiegelten, konstituiert wird.[161] Somit ist für Habermas auch aus der Perspektive der Lebenspraxis der hermeneutische Universalitätsanspruch in Frage gestellt: "An Systemen der Arbeit wie der Herrschaft relativiert sich das Überlieferungsgeschehen, das nur einer verselbständigten Hermeneutik als die absolute Macht entgegentritt."[162] Aus der Perspektive der Sprachphilosophie läßt sich hier allerdings einwenden, daß auch die benannten Realitätszwänge Teil der Sprache sind, ja diese erst in Gang setzen, so daß durch Rekurs auf Arbeit und Herrschaft die Macht sprachlich vermittelter Tradition nicht gebrochen werden kann.

---

[157] A.a.O., 157.
[158] Vgl. a.a.O., 157f.
[159] A.a.O., 152.
[160] Vgl. Habermas, Zu Gadamers >Wahrheit und Methode<, 52.
[161] Vgl. a.a.O., 54.
[162] Ebd..

In Abgrenzung zum Kritizismus naturwissenschaftlicher Theoriebildung wie auch zur verabsolutierten Hermeneutik geisteswissenschaftlicher Theoriebildung entwirft Habermas eine Theorie kommunikativer Vernunft, die hermeneutisches Verstehen und kritische Prüfung zusammenzubinden und die Verflechtung beider mit der Wahrheitsfrage aufzuzeigen sucht.

2.2.3 Rationalität und Entscheidung als Grundlage 'Kritischer Theorie'

Nach Popper ist die kritische Einstellung oder Methode selbst nicht rein rational begründbar. Stattdessen bezeichnet er sie als "*Glauben an die Vernunft*"[163], da Einstellungen eine logisch-deduktive Ableitung überschreiten und logische mit empirischen Beziehungen verknüpfen. Habermas wendet sich gegen eine derartige Ablehnung dezidierter Vernunft, also rational begründbarer Entscheidungen. Er gesteht zu, daß Einstellungen, auch die rationalistische, zwar nicht logisch deduzierbar sind, insistiert aber darauf, daß sie durch rationale Argumente sehr wohl motiviert und begründet werden. Habermas kann dabei ins Feld führen, daß auch die rationalistische Ideologiekritik Poppers selbst "Gestalt dezidierter Vernunft"[164] ist, d.h., "daß Ideologiekritik, was sie als dogmatisch bekämpft, nämlich Konvergenz von Vernunft und Entscheidung, als ihr eigenes Motiv stillschweigend voraussetzen muß - eben einen umfassenden Begriff von Rationalität."[165]

Da sich aber Poppers Kritikbegriff gerade von einer solchen Vernunftkonzeption, die die Entscheidung zur Vernunft und das Interesse an Mündigkeit einschließt, distanziert, stellt Habermas Poppers Vernunft in rhetorischer Rede die Fähigkeit in Abrede, sich von Dogmatismus befreien zu können: "Woraus zieht diese Kritik aber ihre Kraft, wenn von Entscheidung abgetrennte Vernunft des Interesses an einer Emanzipation des Bewußtseins von dogmatischer Befangenheit ganz entbehren muß?"[166]

Dementsprechend schließt Habermas, daß die Ideologiekritik des Positivismus oder Rationalismus von Anfang an impliziert, daß technische Rationalität vernünftig und nicht bloß dezisionistisch ist, anders gesagt, daß naturwissenschaftlich-technisches Beobachten, Erkennen und Handeln

---

[163] Popper, Die offene Gesellschaft und ihre Feinde II, 284.
[164] Habermas, Dogmatismus, Vernunft und Entscheidung, 245.
[165] A.a.O., 244.
[166] Ebd..

normative Gültigkeit beansprucht, da es auf Rationalität basiert. Oder, die Konvergenz noch einmal von der Seite der Entscheidung betrachtend, konstatiert er, daß selbst "diese beschränkte Rationalität [...] mithin eine Entscheidung zur Rationalität [und nicht zum Dezisionsmus, Anmerkung des Verfassers] impliziert"[167].

Für Habermas ist es gerade Merkmal der Kritik selbst, daß sie die logisch-deduktive Argumentation auf begründete, nicht deduzierbare Argumentation hin überschreitet, um so rational zu motivieren und zu unterstützen. Eine kritische Rechtfertigung zeichnet sich gerade dadurch aus, daß sie Standards auf Empirie bezieht und dabei Entscheidungen durch Argumente stützt. Daraus ergibt sich für Habermas, daß sich eine nicht deduktive Argumentation reflexiv vollzieht, denn "sie verwendet Standards, die sie erst in der Anwendung selber reflektieren kann."[168] Kriterien der Kritik ergeben sich, gemäß der dialektischen Verfaßtheit der Theorie, Habermas zufolge erst aus dem Gang der Kritik selbst, ohne daß sie zuvor auf bestimmte Merkmale oder Gegenstandsbereiche festlegbar wären. Prinzipiell ist nichts von einer möglichen Kritik ausgenommen. "Kritik ist keine Methode der Überprüfung, sie ist diese Prüfung selbst als Diskussion."[169] Kritik ist somit immer dezidierte Vernunft, d.h., eine Entscheidung, die auf vernünftiger Argumentation ruht, wobei die Argumente selbst immer wieder der Infragestellung und Reflexion unterliegen.

Umfassende Rationalität ist darum nach Habermas gerade nicht mit kybernetischer Rationalität gleichzusetzen, sondern mit einer Rationalität, die sich ihrer selbst und ihrem Interesse an Mündigkeit bewußt ist und so als entschiedene Rationalität gelten kann. "Eine Rationalisierung der Geschichte kann darum nicht durch eine erweiterte Kontrollgewalt hantierender Menschen, sondern nur durch eine höhere Reflexionsstufe, ein in der Emanzipation fortschreitendes Bewußtsein handelnder Menschen befördert werden."[170] Umfassende Rationalität vollzieht sich demzufolge in der Selbstreflexion des Menschen, da in dieser Erkenntnis mit ihrem Erkenntnisinteresse an Mündigkeit identisch wird[171], um so die Herrschaft des technologischen Interesses und der technologisch verkürzten Rationalität zu brechen und gleichzeitig nicht der Macht der Tradition zu erliegen.

Feyerabends Plädoyer für eine neue Rationalität könnte man in Anschluß an Habermas also als Ersetzung der technisch-instrumentellen Vernunft,

---

[167] A.a.O., 246.
[168] Habermas, Gegen einen positivistisch halbierten Rationalismus, 58.
[169] A.a.O., 53.
[170] Habermas, Dogmatismus, Vernunft und Entscheidung, 251.
[171] Vgl. ders., Erkenntnis und Interesse, in: ders., Technik und Wissenschaft als "Ideologie", 164.

deren leitendes Erkenntnisinteresse die Verfügbarmachung der Natur, mitunter auch des Menschen ist, durch eine umfassende kommunikative, entschiedene Vernunft, die sich ihres emanzipatorischen Interesses bewußt ist, verstehen.
Allerdings, und darauf macht Habermas mit Nachdruck aufmerksam, ist diese Mündigkeit, die durch die Struktur der Sprache, welche den Menschen der rein kausalen Natur enthebt, gesetzt ist, entgegen der Annahme antiker Philosophie nicht wirklich, sondern erst antizipiert. Emanzipation gründet in der Antizipation herrschaftsfreier Kommunikation, und die Wahrheit von Aussagen in der Antizipation des in herrschaftsfreier Kommunikation gewonnenen Konsenses.[172]

2.2.4 Konsenstheorie der Wahrheit

2.2.4.1 Abgrenzung von anderen Wahrheitsdefinitionen

In Auseinandersetzung mit verschiedenen Wahrheitstheorien entwickelt Habermas seine eigene Theorie als Konsenstheorie der Wahrheit. Wahrheit sei eine Eigenschaft des propositionalen Teils von theoretischen Diskursen, die in konstativen (behauptenden) Sprechakten zum Ausdruck kommt. D.h. eine Aussage ist wahr, wenn ihr erfahrungsfundierter Geltungsanspruch diskursiv einlösbar ist.[173] "Erfahrungen *stützen* den Wahrheitsanspruch von Be-hauptungen [...] Aber *einlösen* läßt sich ein Wahrheitsanspruch nur durch Argumentation. Ein in Erfahrung *fundierter* Anspruch ist noch keineswegs ein *begründeter* Anspruch."(Wt, 218) Das bedeutet mit anderen Worten: Ich darf nur dann einem Gegenstand ein Prädikat zusprechen, wenn jeder kompetente Gesprächspartner, und kompetent heißt laut Habermas ver-nünftig, mir in dieser Zuordnung zustimmen würde.[174]
Diese Definition verteidigt er gegenüber anderen Wahrheitstheorien. Gegen eine transzendentale Theorie der Wahrheit, die erkenntnistheoretische Probleme der Gegenstandskonstitution bedenkt, macht er geltend, daß diese Theorie Wahrheit mit der Objektivität möglicher Erfahrung verwechsele, da Wahrnehmungen nur zu subjektiven, sinnlichen Gewißheitserlebnissen führen können, aber keinen diskursiven Geltungsanspruch unmittel-

---

[172] Vgl. a.a.O., 163f.
[173] Vgl. Habermas, Wahrheitstheorien (Wt), 218f.
[174] Vgl. ders., Vorbereitende Bemerkungen zu einer Theorie der kommunikativen Kompetenz (VB), 124f.

bar begründen, also nicht wahr oder falsch sein können.[175] Objektivität der Erfahrung könne nicht mit Wahrheit identifiziert werden, sondern nur mit "*Identität* einer Erfahrung in der Mannig-faltigkeit ihrer möglichen Interpretationen"(Wt, 234).
Adäquationstheorien jeglicher Art verwechseln nach Habermas Wahrheit mit Ähnlichkeit, da Wahrheit nicht annäherbar sei, bzw. Tatsachen mit Erfahrungsgegenständen, da Tatsachen dem Bereich argumentativer Aussagen zugehörten, während Erfahrungsgegenstände subjektiver, handlungsbezogener Erfahrung entstammten, die Evidenztheorie hingegen mißachte, daß die universellen Geltungsansprüche, die in jeder Behauptung enthalten sind, nicht durch Erfahrungsevidenzen einlösbar sind.[176] Schließlich verwechselten eine Reihe von Theorien noch Wahrheit mit Wahrhaftigkeit der geäußerten Intentionen, Verständlichkeit konstativer Sprechakte oder der Richtigkeit anerkannter Normen.[177]
Zur Unterscheidung von Wahrheit und Richtigkeit ist noch eine kurze Erläuterung notwendig. Zwar ist Richtigkeit wie Wahrheit (im Gegensatz zu Erfahrungsevidenz) ein diskursiv einlösbarer Geltungsanspruch. Allerdings sind die Geltungsansprüche existierender, d.h. faktisch anerkannter Normen Gegenstand praktischer Diskurse, deren Geltung von den regulativen Sprechakten, mit denen diese Normen vertreten werden, bereits vorausgesetzt, nicht aber erst begründet wird, während die Geltungsansprüche theoretischer Behauptungen Gegenstand theoretischer Diskurse sind, die sich auf die Behauptungen über die Wirklichkeit und nicht die Wirklichkeit selbst beziehen und deren Geltung erst durch konstative Sprechakte begründet und durch Argumentation eingelöst wird.[178] "Der Geltungsanspruch eines konstativen Sprechaktes bezieht sich auf Erfahrungsgegenstände und Tatsachen, der Geltungsanspruch einer anerkannten Norm ist selbst Erfahrungsgegenstand oder Tatsache. Deshalb können wir von »existierenden Normen« sprechen. Die normative Geltung ist die Existenzweise von Normen. Sie wird in Sollsätzen ausgedrückt."(Wt, 227) "Diese Sollgeltung hat mit Wahrheitsgeltung nichts zu tun."(Wt, 237)
Beiden diskursiv einlösbaren Geltungsansprüchen ist gemeinsam, daß sie nicht in Erfahrung begründet sind, sondern nur in Erfahrung gründen, d.h., daß ihnen keine unmittelbare sinn-liche Evidenz korrespondiert. Die Gewißheit ihrer Geltung beruht laut Habermas auf einem nichtsinnlichen Er-

---

[175] Vgl. Wt, 231-234.
[176] Vgl. a.a.O., 234-236. Siehe dazu auch die Erläuterung der Basisproblematik in Kap. 2.1.4.1 und Poppers metaphysischen Sprung in der Korrespondenzkonzeption der Wahrheit in Kap. 2.1.4.3 .
[177] Vgl. a.a.O., 236-238.
[178] Vgl. a.a.O., 228f.

lebnis, "das sich allein der Erfahrung des eigentümlichen zwanglosen Zwanges des besseren Arguments verdankt."(Wt, 226)

2.2.4.2 Die Logik des Diskurses

Alleiniges Wahrheitskriterium (bzw. auch Richtigkeitskriterium) ist laut Habermas ein *"begründeter Konsensus"*(Wt, 239), wobei diese wahrheitsverbürgende Bedingung des begründeten Konsenses nicht mehr von einem Konsens abhängig gemacht werden kann, sondern normative Gültigkeit beansprucht. Was aber bedeutet in Habermas' Konzeption 'begründeter Konsens'?
Begründungen sind laut Habermas keine Relationen zwischen Sätzen und der Realität, sondern sie betreffen die Kohärenz von Sätzen eines Sprachsystems.[179] Dies vorausgesetzt folgt Habermas in seiner Theorie der Begründungssprache der entwicklungspsychologischen Konzeption Jean Piagets, indem er darauf insistiert, daß Begründungssprachen auf kognitiven Schemata aufruhen, die einerseits selber "Resultat von erfahrungsabhängigen Bildungsprozessen" sind, andererseits aber "apriorische Geltung" gegenüber neuen Erfahrungen besitzen, "die unter ihnen *als* Erfahrungen organisiert werden".(Wt, 246) Demzufolge ist Induktion in theoretischen Diskursen ein "Brückenprinzip, um den logisch diskontinuierlichen Übergang von einer endlichen Anzahl singulärer Aussagen (Daten) zu einer universellen Aussage (Hypothese) zu rechtfertigen"(Wt, 245) und letztlich nichts anderes als "die exemplarische Wiederholung genau des Typs von Erfahrung, an dem die in die Grundprädikate der Begründungssprache jeweils eingegangenen kognitiven Schemata zuvor ausgebildet worden sind"(Wt, 246). So erst kann Kohärenz zwischen universellen Aussagen eines Sprachsystems sichergestellt wird. Ähnliches gilt auch für das Universalisierungsprinzip in praktischen Diskursen.
In einfachen Worten zusammengefaßt bedeutet das, daß Erfahrungen keine schlechthin unabhängige Prüfinstanz sind, und das Induktionsverfahren empirisch-analytischer Wissenschaft nicht einzelne Sätze, sondern ein ganzes Satzsystem, nämlich das der Begründungssprache der Einzelaussagen, mit der Realität konfrontiert. Somit kann die konsenserzielende Kraft argumentativer Begründung nicht auf der Übereinstimmung eines Satzes mit der interpretierten Erfahrung beruhen, sondern darauf, daß die Begründungssprache hinterfragt und revidiert werden kann. Die Frage nach der Angemessenheit der Argumentationssprache muß selbst Teil des Diskurses

---

[179] Vgl. a.a.O., 245.

sein. Argumentation muß sich nach Habermas als ein Medium erweisen, in dem die Entwicklung der kognitiven Schemata "als bewußter Lernprozeß fortgesetzt werden kann"(Wt, 250). Damit ergibt sich als formale Bedingung für einen wahrheitsfähigen Diskurs, "daß die Diskursebene jederzeit gewechselt und ein zunächst gewähltes Sprach- und Begriffssystem gegebenenfalls als unangemessen erkannt und revidiert werden kann: Erkenntnisfortschritt vollzieht sich in Form einer substantiellen Sprachkritik."(Wt, 250)[180]

Nach diesen Präzisierungen kann das Wahrheitskriterium der Konsenstheorie noch einmal genauer bestimmt werden: "Ein argumentativ erzielter Konsensus ist dann und nur dann zureichendes Kriterium für die Einlösung diskursiver Geltungsansprüche, wenn aufgrund der formalen Eigenschaften des Diskurses Freizügigkeit zwischen den Diskursebenen gesichert ist."(Wt, 255) Dies ist für Habermas unter den Bedingungen der "idealen Sprechsituation"(Wt, 255) gegeben.

2.2.4.3 Die ideale Sprechsituation als normative Grundlage

... des Diskurses

Wie aus dem Gesagten bereits zu entnehmen ist, folgt Habermas der sprachanalytischen Philosophie in seiner Einschätzung darin, daß die reflexive Ordnung des Diskurses einen Metadiskurs im eigentlichen Sinn über das gewählte Sprachsystem wie auch über die Kommunikationssituation der beteiligten Sprecher unmöglich macht, da dieser wiederum nur diskursiv und durch Beteiligung am Diskurs erfolgen kann. Daraus ergibt sich, daß es kein externes Beurteilungskriterium für die Kompetenz der Sprecher hinsichtlich der Wahrheit ihrer Aussagen, der Wahrhaftigkeit ihrer Äußerungen und der Richtigkeit ihrer Handlungsnormen geben kann.[181] Selbstreflexion des erkennenden bzw. handelnden Subjekts, auf die hin der theoretische bzw. praktische Diskurs schrittweise radikalisiert werden kann, ist demnach bleibend eine diskursive, "intersubjektive Veranstaltung"[182].

Da also ein externes Kriterium fehlt, um einen wahren von einem falschen Konsens zu unterscheiden, kann allein ein Diskurs, der unter idealen und d.h. herrschaftsfreien Bedingungen geführt wird, einen wahrheitsfähigen

---

[180] An dieser Stelle läßt sich noch einmal die Konvergenz mit Lakatos' Forschungsprogrammkonzeption festmachen. Vgl. dazu Kap. 2.1.4.4 dieser Arbeit.
[181] Vgl. VB, 123-134.
[182] A.a.O., 135, Anm. 32.

Konsens verbürgen. Dazu ist es nötig, daß alle äußeren wie auch sich aus der Struktur von Kommunikation ergebenden inneren Zwänge beseitigt sind. Das ist nach Habermas nur dann der Fall, wenn einerseits alle Gesprächsteilnehmer prinzipiell die gleichen Möglichkeiten besitzen, kommunikative und konstative Sprechakte zu setzen, d.h. eine Kommunikation überhaupt zu eröffnen und Behauptungen aufzustellen bzw. aufgestellte Behauptungen argumentativ in Frage zu stellen, so daß keine Vormeinung möglicher Kritik dauerhaft entzogen bleibt.[183] Andererseits muß gewährleistet sein, daß der Diskurs von inneren Handlungszwängen freigesetzt ist, indem alle Teilnehmer die gleiche Chance haben, repräsentative und regulative Sprechakte zu verwenden, d.h. sich selbst und den Gesprächspartnern gegenüber authentisch zu bleiben und nicht durch Machtstrukturen übervorteilt zu werden.[184]

... kommunikativen Handelns überhaupt

Habermas macht darauf aufmerksam, daß die Forderung nach "Freisetzung des Diskurses von Handlungszwängen", also das "Wahrhaftigkeitspostulat", gar keine Bestimmung ist, die sich primär auf die Realität des Diskurses bezieht, sondern vielmehr die Realität "reinen kommunikativen Handelns" beschreibt.(Wt, 256) Unter reinem kommunikativen Handeln versteht er eine "verständigungsorientierte Einstellung" in Interaktionen der Alltagspraxis im Gegensatz zu "erfolgsorientierte[r] Einstellung", bei der die Kommunikations- und Interaktionshandlungen lediglich Mittel zum Zweck der Durchsetzung eigener Interessen sind.[185] Da eine erfolgsorientierte (strategische) Sprechhandlung zum Zweck der Beeinflussung eines Hörers aber immer auf Verständigung rekurrieren und aufbauen muß, da sonst ja gar keine Beeinflussung möglich wäre, kann man mit Habermas festhalten, daß "sich der auf Verständigung gerichtete Sprachgebrauch als der Originalmodus von Sprachverwendung überhaupt auszeichnen läßt, zu dem sich der konsequenzorientierte Sprachgebrauch und die indirekte Verständigung (das Zu-verstehen-Geben) parasitär verhalten."[186]

---

[183] Vgl. Wt, 255 und VB, 137.
[184] Vgl. Wt, 256 und VB, 138.
[185] Vgl. Habermas, Erläuterungen zum Begriff des kommunikativen Handelns, 575. Unter den Formen erfolgsorientierten Handelns unterscheidet Habermas noch einmal zwischen instrumentalem Handeln, das unter dem Zweck technischer Verfügung über Natur steht, und strategischem Handeln, das der Beeinflussung rationaler Gegner dient. Vgl. dazu: Ders., Aspekte der Handlungsrationalität, 460.
[186] Ders., Erläuterungen zum Begriff des kommunikativen Handelns, 595f.

Eine Wahl zwischen kommunikativem und strategischem Handeln besteht in der Dimension alltäglichen Sprachgebrauchs nur scheinbar, wenn man die Konsequenzen stringent durchdenkt: "Die Option für den langfristigen Ausstieg aus Kontexten verständigungsorientierten Handelns und damit aus kommunikativ strukturierten Lebensbereichen bedeutet den Rückzug in die monadische Vereinsamung strategischen Handelns - er ist auf Dauer selbstdestruktiv."[187]

Die Bedingungen des Diskurses, also der Einlösung problematisierter Geltungsansprüche, sind folglich in Anlehnung an die Bedingungen verständigungsorientierten, kommunikativen Handelns zu denken, in dem die naive Geltung von Meinungen und Normen auf der reziprok unterstellten Zurechnungsfähigkeit des Gegenübers beruht, die zwei kontrafaktische Erwartungen impliziert: daß alle Geltungsansprüche bewußt vollzogen werden ("*Intentionalitätserwartung*") und daß sie gerechtfertigt werden können ("*Legitimitätserwartung*").[188] Habermas insistiert dabei in Anlehnung an die Sprechakttheorien von Searle und Austin darauf, daß in jeder verständigungsorientierten Sprechhandlung universale Geltungsansprüche erhoben werden und ihre Einlösbarkeit unterstellt wird. Im Gegensatz zu Austin, für den in allen Sprechakten nur der Wahrheitsanspruch enthalten ist, macht Habermas deutlich, daß in unterschiedlichen kommunikativen Sprechakten jeweils einer der drei nicht aufeinander rückführbaren Geltungsansprüche Wahrheit, Wahrhaftigkeit und Richtigkeit, jeweils verbunden mit dem Anspruch auf Verständlichkeit des Gesagten, besonders hervortritt, während die anderen im Hintergrund präsent bleiben.[189]

Im einzelnen bedeutet das: In einem kognitiven Kommunikationsmodus, der durch konstative Sprechakte gekennzeichnet ist, wird primär ein Wahrheitsanspruch eines propositionalen Gehaltes erhoben, der mit einer impliziten, sprechaktimmanenten Begründungsverpflichtung verbunden ist. Der expressive Sprachgebrauch repräsentativer Sprechhandlungen beansprucht Wahrhaftigkeit, verbunden mit einer immanenten Bewährungsverpflichtung, und ein interaktiver Sprachgebrauch, vollzogen in regulativen Sprechakten, beansprucht Richtigkeit von Normen verbunden mit der Verpflichtung, diese (und nicht den Anspruch) zu rechtfertigen.[190] Alle vier Geltungsansprüche sind universal, d.h. sie werden in jeder auf Verständigung zielenden Sprechhandlung reziprok erhoben und ihre Einlösung vor-

---

[187] Ders., Replik auf Einwände, 488. Vgl. dazu auch Apels Argumentation des performativen Selbstwiderspruchs, der, auf den konsequenten Irrationalisten angewendet, dessen Selbstnegation zu Bewußtsein bringt (Kap. 2.3.4).
[188] Vgl. VB, 116-119.
[189] Vgl. Habermas, Was heißt Universalpragmatik? (UP), 235-246.
[190] Vgl. UP, 252f.

ausgesetzt. Sie sind aber in einer Sprechhandlung nicht alle gleichzeitig thematisch.[191]
Somit ist auch bzgl. der Diskurssituation der Begriff der idealen Sprechsituation laut Habermas weder "bloß ein regulatives Prinzip im Sinne Kants" noch "ein existierender Begriff im Sinne Hegels", sondern sie ist "eine in Diskursen unvermeidliche reziprok vorgenommene Unterstellung."(Wt, 258f) Diese Unterstellung kann in Diskursen kontrafaktisch sein, sie muß es aber nicht. Der Vorgriff auf die ideale Sprechsituation ist jedenfalls durch die Struktur verständigungsorientierter Kommunikation vorgegeben. Wir sind als Teilnehmer in Diskursen in der gleichen Weise genötigt, reziprok eine ideale Sprechsituation zu unterstellen, wie wir in kommunikativen Handlungszusammenhängen (Interaktionen) reziprok Zurechnungsfähigkeit immer schon unterstellen und insofern antizipieren.[192] Diese Antizipation ist laut Habermas ein normatives Fundament sprachlicher Verständigung überhaupt, über das nicht erst ein Einverständnis erzielt werden darf: "Diskursteilnehmer *brauchen* sich auf dieses Fundament nicht erst zu einigen; ja eine Entscheidung für die der sprachlichen Verständigung innewohnende Rationalität ist gar *nicht möglich*."[193] Denn die ideale Sprechsituation ist "konstitutive Bedingung vernünftiger Rede"(Wt, 259).

2.2.5 Universalpragmatik

2.2.5.1 Abgrenzung von der Transzendentalphilosophie

Die bislang erarbeiteten Momente Kritik, Diskurs und Konsens in Habermas' Denken sind Momente eines Theoriegebildes, das Habermas als 'Universalpragmatik' bezeichnet. Die programmatische Zielsetzung dieses Denkansatzes läßt sich gebündelt folgendermaßen widergeben: "Die Universalpragmatik hat die Aufgabe, universale Bedingungen möglicher Verständigung zu identifizieren und nachzukonstruieren."(UP, 174) Das bedeutet zunächst einmal, daß sie sich als eine **rekonstruktive Sprachwissenschaft** versteht, deren Aufgabe die "rationale Nachkonstruktion von Erzeugungsstrukturen" in sprechenden Subjekten ist, "die der Hervorbringung [sprachlich-, Einfügung des Verfassers] symbolischer Gebilde zu-

---

[191] Vgl. UP, 255.
[192] Vgl. VB, 122.
[193] Habermas, Replik auf Einwände, 488.

grundeliegen"(UP, 189). Im Anschluß an die Grammatiktheorie Noam Chomskys geht es der Universalpragmatik darum, die Rekonstruktion des intersubjektiven, vortheoretischen und als solchen "intuitive[n] Regelbewußtsein[s], das allen kompetenten Sprechern gemeinsam ist"(UP, 191) universalpragmatisch zu wenden auf eine "Nachkonstruktion allgemeiner und unvermeidlicher Präsuppositionen möglicher Verständigungsprozesse"(UP, 198).

Für Habermas bietet sich bei der Untersuchung dieser universalen und unvermeidlichen Kommunikationsvoraussetzungen zwar das Modell der Transzendentalphilosophie an, doch lehnt er den Ausdruck transzendental für sein Forschungsprogramm ab, allerdings nicht aus terminologischen - etwa zur Abgrenzung von Apel - sondern aus sachbezogenen Überlegungen. Denn erstens stützt sich die Universalpragmatik aposteriori auf die Kompetenz empirischer Sprecher und versucht keine apriorische Deduktion von Verständigung. Und zweitens werden die allgemeinen Kommunikationsvoraussetzungen primär unter dem Aspekt der Verständigung und nicht der Erfahrung untersucht.[194] Für Habermas gibt es zur transzendentalphilosophischen Grundidee, "daß wir Erfahrungen konstituieren, indem wir die Wirklichkeit unter invarianten Gesichtspunkten objektivieren"(UP, 203) in der Untersuchung von Verständigungsprozessen keine Entsprechung: "Erfahrungen werden, wenn wir der Kantischen Grundidee folgen, konstituiert, Äußerungen allenfalls generiert."(UP, 204)

Trotz Preisgabe des transzendentalen Subjekts und der transzendentalen Deduktion glaubt Habermas, nicht auf die Untersuchung der Konstitution von Erfahrungen verzichten zu müssen: "An die Stelle eines Beweises apriori tritt die transzendentale Untersuchung der Bedingungen argumentativer Einlösung der Geltungsansprüche, die auf diskursive Einlösung mindestens implizite bezogen sind."(UP, 201)

2.2.5.1 Der philosophische Status kommunikativer Vernunft

Die im Anschluß an die kantischen Kritiken durchgeführte Ausdifferenzierung der Vernunft in Wahrheits-, Gerechtigkeits- und ästhetische Fragen ist laut Habermas nicht, bzw. "nur um den Preis des okzidentalen Rationalismus selbst"[195] rückgängig zu machen, da die in jeder kommunikativen Sprechhandlung der Alltagspraxis immer schon vorhandenen Geltungsansprüche von Wahrheit, Richtigkeit und Wahrhaftigkeit gleichursprünglich

---

[194] Vgl. UP, 202-204.
[195] Habermas, Replik auf Einwände, 499.

und nicht aufeinander reduzierbar sind.[196] Das hat zur Folge, daß für Habermas die Einheit der Vernunft nicht "auf der Ebene der kulturellen Wertsphären"[197] zu haben ist, also in materialen, die Vernunftbereiche durchziehenden Werten, aber auch nicht in zugrundeliegenden, apriorischen Invarianten, wie die klassische Transzendentalphilosophie annimmt, sondern auf der Ebene der Lebenswelt in den der kommunikativen Alltagspraxis wie auch der Diskurspraxis immer schon vorausliegenden Strukturen der reziprok erhobenen und einzulösenden Geltungsansprüche. Die Einheit der Vernunft ist für ihn nur "prozedural, nämlich durch das Verfahren der argumentativen Einlösung von Geltungsansprüchen gesichert."[198]

Laut Habermas stellt der Begriff 'kommunikative Vernunft' "*einen unverkürzten Begriff der Vernunft*" dar, so daß der Begriff "*kognitivinstrumenteller Rationalität*, der über den Empirismus das Selbstverständnis der Moderne stark geprägt hat" und die "Konnotation erfolgreicher Selbstbehauptung mit sich führt", durch den Begriff "*kommunikativer Rationalität*", der mit der Erfahrung "der zwanglos einigenden, konsensstiftenden Kraft argumentativer Rede" konnotiert ist, ersetzt wird.[199]

Geht man von der Kantischen Teilung der Vernunft in theoretische und praktische aus, so ist die Einheit der Vernunft wohl tatsächlich nur prozedural zu sichern. Das von Habermas erstellte Theoriedesign der Irreduzibilität der Geltungsansprüche Wahrheit, Richtigkeit und Wahrhaftigkeit ist insofern nur konsequent. Habermas lastet demjenigen, der über die von ihm ermittelte, grundsätzlich prozedurale Rationalität hinaus ein Fundament annehmen will, das nicht durch argumentativ erzieltes Einverständnis zustande kommt, die Beweislast an.[200]

Es läßt sich an dieser Stelle allerdings kritisch nachfragen, auf welcher Basis in Diskursen überhaupt festgestellt werden kann, daß Konsens ist. Denn konsensual kann diese Feststellung ja nicht mehr erfolgen. Habermas würde dabei sicherlich auf das nichtsinnliche Gewiß-heitserlebnis des zwanglosen Zwangs von Argumentation rekurrieren.[201] Welchen philosophischen Status aber hat eine solche Gewißheit, die nicht empirisch, nicht logisch-deduktiv, aber auch nicht mehr konsensual sein kann? Die Frage bleibt bei Habermas offen. Er ver-bleibt mit seiner universalpragmatischen Fragestellung in der Faktizität der Verständigungs-strukturen und der kon-

---

[196] Vgl. ebd..
[197] A.a.O., 521.
[198] Habermas, Erläuterungen zum Begriff des kommunikativen Handelns, 605.
[199] Alle Zitate ebd. .
[200] Vgl Habermas, Replik auf Einwände, 504.
[201] Vgl. Wt, 226.

sensstiftenden Kraft argumentativer Rede. Es ist vielmehr nicht nur so, daß es in Habermas' Konzeption kein externes Kriterium gibt, wann ein Diskurs ein wahrer ist, d.h. eine ideale Sprechsituation vorliegt, und damit ein potentieller Konsens als wahrheitsverbürgend gelten kann, worauf er selbst eindringlich insistiert, sondern es ist auch nicht einmal prozedural möglich zu entscheiden, daß ein Einverständnis vorliegt.

Es gibt also eine Form von Gewißheit in Verständigungsprozessen, die nicht dem Prozeß der Verständigung unterliegt und die nicht mit den Mitteln einer Konsenstheorie erklärt werden kann. Dies ist eine Gewißheit, auf der jeder Konsens ruht und die nicht mehr der Pragmatik von Verständigung unterliegt. Ist das nicht eine Form des zu sich selbst Kommens von Freiheit, die von reziprok erhobenen und in ihrer Einlösung antizipierten Geltungsansprüchen unabhängig ist, des bei sich selbst Seins, das nicht mehr konsensual und prozedural ist? Eine prinzipiell kommunikativ konzipierte Vernunft reicht zur Erklärung dieser Gewißheit nicht mehr aus. Man muß Habermas zumindestens vorwerfen, daß er auf die Unbedingtheit dieses Gewißheitserlebnisses, durch das die Prozeduralität hintergangen wird, nicht weiter reflektiert.

Derartige unbedingte Gewißheit kann mich aber nur dann über das konkrete Erlebnis hinaus in Anspruch nehmen, wenn der mit ihr verbundene Geltungsanspruch als zu Recht ergehend begriffen werden kann, sonst bleibt Gewißheit bedingt und kann nicht eigentlich handlungsleitend werden. Meine Überzeugung wie auch meine Zustimmung zu einer Übereinkunft wäre andernfalls prinzipiell vorläufig. Eine unbedingte Gewißheit und unbedingte Überzeugung kann es aber nur dann geben, wenn Vernunft nicht bis in die äußersten Spitzen ihrer Möglichkeiten hermeneutisch ist, d.h. im Geschehen wechselnder Geltungsansprüche aufgeht.

Auf der anderen Seite kann eine prinzipiell prozedural verstandene Vernunft niemals die Macht faktischer Geltungsansprüche, die zu Unrecht an mich ergehen, durchbrechen und aufdecken, und leistet somit gerade das nicht, was Habermas anstrebt, nämlich ideologiekritisch zu sein.

Im folgenden Kapitel soll mit der Transzendentalpragmatik Karl-Otto Apels ein philosophischer Ansatz auf seine Tragfähigkeit untersucht werden, der selbst beansprucht, durch transzendentale Reflexion zu einer Letztbegründung und damit zur Sicherung der Vernunft gegen den Irrationalismus zu kommen.

2.3 Karl-Otto Apel: Letztbegründung qua Transzendentalpragmatik

2.3.1 Der philosophische Horizont: Transzendentalphilosophisches Denken

Das philosophische Programm Karl-Otto Apels ist von der Aufgabenstellung geleitet, die kritische Geltungsreflexion, die sich seit den Kritiken Kants in der Transzendentalphilosophie etabliert hat, angesichts der sprachphilosophischen, hermeneutischen und szientistischen Herausforderungen aufzunehmen und weiterzudenken. Er skizziert daher einen Weg der vertieften transzendentalphilosophischen Reflexion in Richtung der transzendentalen Hermeneutik des frühen Heidegger von 'Sein und Zeit' und Gadamers, ohne allerdings die transzendentalhermeneutisch aufgewiesene 'Vorstruktur des Verstehens' als Erschlossenheit des Daseins bereits mit Wahrheit zu identifizieren und damit die Konstitutionsproblematik von Sinn von der Rechtfertigungsproblematik abzuspalten.[202]

Dazu bedarf es laut Apel einerseits einer erkenntnisanthropologischen Transformation der Transzendentalphilosophie, um die in der daseinsanalytisch erhobenen Lichtung und Verstehensvorstruktur implizierten, leibbedingten Interessenvoraussetzungen der Erkenntnis zu explizieren. Andererseits aber bedarf es der Erhebung von Geltungskriterien für Erkenntnis angesichts der prinzipiell uneinholbaren Vorstruktur des Verstehens im Sinne des Heideggerschen apriorischen Perfekts.[203] Eine Einlösung des Geltungsanspruchs von gehaltvollen Erkenntnissen, die sich in fortwährender Weltinterpretation im Horizont vorstrukturierter Sinnkonstitution ergeben, kann nach Apel nur in Richtung einer Untersuchung der Verständigungsstruktur der menschlichen Kommunikationsgemeinschaft laufen, so daß eine semiotisch-hermeneutische Transformation der Transzendentalphilosophie nötig wird.[204] "Im Apriori der Verständigungsgemeinschaft gewinnt demnach die menschliche Gattung als quasi-transzendentales Subjekt der Wahrheit den Sinn-Ereignissen der Seinsgeschichte gegenüber - mögen diese als *Sinn-Ereignisse* noch so *unverfügbar* sein - ihren Selbststand solidarischer Verantwortung zurück, den sie in Heideggers Philosophie zu verlieren scheint."[205]

---

[202] Vgl. Apel, Einleitung: Transformation der Philosophie, 43f.
[203] Vgl. a.a.O., 71f.
[204] Vgl. a.a.O., 59f, Anm. 90.
[205] A.a.O., 61.

Der letzte Satz klingt dabei wie eine 'transzendental-hermeneutische' Reformulierung des Descartesschen Programms der Zweiten Meditation, wie er uns in Kapitel 3.2.1 noch beschäftigen wird.

2.3.2 Erkenntnisanthropologische Transformation der Transzendentalphilosophie

2.3.2.1 'Das Leibapriori der Erkenntnis' (1963)

Apels erkenntnisanthropologische Überlegungen setzen mit einer Kritik am platonischen Erkenntnismodell der dualistischen Trennung von Leib und Seele ein, das auf der Annahme einer reinen Seele bzw. eines bloßen Bewußtseins ruht und unmittelbare Seelenschau in theoretischer Fokusierung anvisiert.[206] Dieser "Ansatz des psychophysischen Problems"[207], der nach Apels Auffassung zur Subjekt-Objekt-Relation Descartes' und damit der gesamten neuzeitlichen Erkenntnistheorie geführt hat, trennt die Sinne des Menschen disjunktiv in die Sinnesorgane, die zum empirisch Faßbaren gehören, und die Sinne selbst, die mit der Seele selbst bzw. mit dem Intellekt selbst in eins fallen. Die Konsequenz aus dieser "vollständigen Disjunktion hinsichtlich des Empirischen und des Apriorischen in unserer Erkenntnis"[208] ist nach Apel die Fiktion der neuzeitlichen Erkenntnistheorie, "daß der erkennende Geist alles, was er nicht selbst ist, als prinzipiell vorfindlich sich gegenüber bringen und eben deshalb in seinem objektiven Zusammenhang erkennen kann"[209], also auch den eigenen Leibstandpunkt. Trotz der von Gottfried W. Leibniz eingebrachten perspektivischen Weltvorstellung im Sinne der Monaden hat dieser, Apel zufolge, die platonisch-cartesianische Seele-Körper Trennung bzw. Subjekt-Objekt-Relation historisch durch seine Monadenlehre eher gefestigt, da der perspektivischen Vorstellung des Universums durch die Monade eine anscheinend nicht leibvermittelte, perspektivlose Vorstellung des eigenen Körpers gegenüber steht.[210] Dementsprechend deutet Apel die Leibnizsche Synthese des Apriorischen und des Empirischen, die sich in dessen Erweiterung der aristotelischen Formel '*nihil est in intellectu quod non fuerit in sensu, nisi ipse intellectus*' ausdrückt, historisch als vollständige Disjunktion von Seele

---

[206] Vgl. Platon, Phaidon, 66a-67e.
[207] Apel, Das Leibapriori der Erkenntnis, 153.
[208] A.a.O., 152.
[209] A.a.O., 153.
[210] Vgl. a.a.O., 155.

und Körper[211], so als könne die Seele eine gleichsam exzentrisch gedachte Stellung, also eine leibunvermittelte Sicht von außerhalb ihres Körpers zu ihrem eigenen Körper einnehmen. Statt dessen verbleibt der Intellekt für Apel auch in Leibnizens Konzeption in der leibzentrischen Perspektive gefangen, wenngleich er seinen eigenen leibvermittelten Standpunkt bedenken kann.[212]

Um die These der leibzentrischen, perspektivischen Erkenntnis zu erhärten, untersucht Apel zwei exzentrisch gedachte Theorien der modernen Physik auf ihre erkenntnistheoretischen Implikationen: Einsteins Relativitätstheorie und Planck-Heisenbergs Quantentheorie bzw. Unschärferelation.

In der Relativitätstheorie ist jeder mögliche Leibstandpunkt eines Beobachters, also jedes Bezugssystem, quasi objektiv in der Theoriebildung bedacht, nach Apel allerdings unter der Voraussetzung des "Verzicht[s] auf die unmittelbare „Vorstellbarkeit" der so theoretisch objektivierten „Welt""[213]. Das bedeutet, unsere Raum-Zeit-Begriffe entstehen nicht durch die Leistung eines reinen Denkens, sondern sind "primär auf die natürlichen Bedingungen „leibvermittelter Erkenntnis überhaupt""[214] zurückzuführen, deren bedeutendste die des Lichtes ist, nach Apel "gewissermaßen ein empirisches Apriori der Erkenntnis"[215]. Gemäß Apel wird somit in der Relativitätstheorie auf einer präreflexiven Stufe ein Leibapriori der Erkenntnis durch Identifizierung des Subjekts mit seiner leibzentrischen Perspektive als messender Beobachter durchaus anerkannt, auf der reflexiven Ebene der exzentrischen Theoriebildung diese leibvermittelte Beobachtung aber objektiviert und damit aufgehoben.[216]

Anders verhält es sich jedoch im mikrophysikalischen Bereich der Quantentheorie. Hier ist auch auf der exzentrisch konzipierten Stufe der Theoriebildung der eingreifende Beobachtungsakt durch Reflexion auf diesen nicht mehr objektivierbar, d.h. die Erkenntnis vom Beobachtungseingriff nicht mehr zu trennen: "Hier haben wir also, im Zusammenhang unserer Problematik gesehen, zum erstenmal den Fall einer reflexionsvermittelten, d.h. exzentrisch gedachten Theorie, in der neben dem Apriori des exzentrisch denkenden intellectus ipse auch noch das zentrische Apriori des leibvermittelten Beobachtungsaktes und seiner anschaulich-schematisierbaren Begrifflichkeit eigens berücksichtigt werden muß."[217]

---

[211] Vgl. a.a.O., 152.
[212] Vgl. a.a.O., 156f.
[213] A.a.O., 158.
[214] A.a.O., 160.
[215] Ebd.
[216] Vgl. a.a.O., 162f.
[217] A.a.O., 165.

Apel ist der Auffassung, daß unsere vorwissenschaftliche Form der Alltagserfahrung eher der mikrophysikalischen Nicht-Mehr-Objektivierbarkeit des Leibeingriffs denn der makrophysikalischen Objektivierung entspricht. Dafür macht er geltend, daß in der alltäglichen Wahrnehmung der Welt nicht von einem Aspektkontinuum die Rede sein kann, sondern vielmehr von objektiv unvereinbaren, komplementären Aspekten, etwa in der Betrachtungsweise einer Stadt dem eines Malers und dem eines Vermessungsingenieurs.[218] Dies rühre daher, daß unsere Alltagswahrnehmung von mikrophysikalischen Prozessen etwa des Auges gesteuert werde, die den Beobachtungseingriff irreversibel machen und die leibzentrische Perspektive nicht mehr objektivierbar sein läßt, so daß der Beobachtungsakt weltkonstitutiv wird.[219]

Das Leibapriori hat somit auch Auswirkungen auf die Geisteswissenschaften in ihrer Diskussion und Beschäftigung mit unterschiedlichen, komplementären Weltkonstitutionen bzw. Weltanschauungen des Menschen in dem Sinne, daß diese keine exzentrisch gedachte Metatheorie zu den Welt-entwürfen bilden können, sondern jede philosophische Reflexion bereits ein leibengagierter Entwurf ist und bleibt.[220]

Als erkenntnistheoretischen Ertrag dieser Untersuchung naturwissenschaftlicher Theorien hält Apel fest, daß jedenfalls auf der präreflexiven Stufe der anschaulich-schematisierbaren Erkenntnis die Begriffsbildung leiblich-sinnlich vermittelt ist, daß also die neuzeitliche Erkenntnistheorie durch die erkenntnisanthropologische Dimension eines Leibaprioris zu ergänzen ist.[221]

Leib- und Bewußtseinsapriori seien komplementär zu denken und ergänzen sich nach Apel notwendig im ganzen der Erkenntnis, da Erfahrung "primär Erkenntnis durch Leibengagement", Theoriebildung "primär Erkenntnis durch Reflexion" ist.[222] Damit ist auf einer erkenntnisanthropologischen Reflexionsstufe klar, daß die Philosophie "neben dem „Bewußtsein überhaupt" als der Bedingung der Möglichkeit ihrer formalen Reflexion das präreflexive Apriori des Leibgesichtspunktes als unaufhebbare Bedingung der Möglichkeit allen materialen (anschaulich-bedeutsamen) Weltgehalts anzuerkennen hat."[223]

---

[218] Vgl. a.a.O., 168f.
[219] Vgl. a.a.O., 170.
[220] Vgl. a.a.O., 170-172. Daher lehnt Apel auch Hegels Entwurf einer abschließenden Synthese aller Weltkonstitutionen als reine Reflexion des Geistes ab. Vgl. a.a.O., 172.
[221] Vgl. dazu Apel, Szientistik, Hermeneutik, Ideologiekritik, 96-101.
[222] A.a.O., 99.
[223] Apel, Das Leibapriori der Erkenntnis, 163.

Exkurs zu Apels 'Apriori'-Verständnis

Apel verwendet im Zusammenhang der Untersuchung der perspektivischen Weltsicht des öfteren den Begriff 'Leibapriori', einmal sogar 'empirisches Apriori', ohne allerdings die ter-minologischen Schwierigkeiten dieses Begriffes, die sich von Kant her ergeben, zu problematisieren. Bei Kant bedeutet a priori die Erfahrungsunabhängigkeit der reinen Formen des Anschauungs- und Urteilsvermögens.[224]

Helmut Gipper weist allerdings nach, daß auch für Kants reine Formen ein empirischer Gehalt festgemacht werden kann[225], insofern als Kant annimmt, daß der formale Grund des Anschauungsvermögens angeboren ist. Kant gehe vom Menschen als einem fertigen Wesen aus. Aus der Sicht heutiger Humanbiologie muß man aber zwischen pränataler Ererbung, was Kants Angeboren-Sein entspreche, und postnataler Entfaltung differenzieren. Somit kann man zwar sagen, daß der formale Grund des Anschauungsvermögens ererbt sei, die postnatale Entfaltung dieses Grundes aber in Auseinandersetzung mit der Welt geschieht: "Ohne Anstöße von außen, ohne Weltbegegnung würden diese pränatal angelegten Formen jedoch verkümmern, also gar nicht erst ausgeformt und im Sinne Kants auf mögliche Objekte beziehbar werden können."[226] Insofern aber die leiblich-sinnlichen Voraussetzungen wirkliche Bedingungen der Möglichkeit von Erkenntnis sind, hält Gipper den Begriff Apriori bei Apel "für vertretbar"[227].

Es ist wohl nicht zu bestreiten, daß Kants reine Formen des Anschauungsvermögens empirische 'Einschüsse' aufweisen, insofern der formale Grund tatsächlich erst in postnataler Begegnung mit der Welt entfaltet wird. Somit sind die leib-sinnlichen, insbesondere die sprachlichen Gegebenheiten des Menschen wirkliche Möglichkeitsbedingungen der Erkenntnis. Problematisch erweist sich jedoch die Verwendung des Begriffs Apriori dafür, da dadurch die Kantische Begriffsbestimmung 'aufgeweicht' und der Kern des Apriori-Begriffs, die reine Empiriefreiheit, in Anwendung auf den Leib 'verwässert' bzw. hermeneutisiert wird. Die sich damit vollziehende, schleichende Aufgabe des Gedankens, daß es überhaupt so etwas gibt wie eine reine, vorsprachliche Apriorizität, dürfte Apel nicht ganz ungelegen sein. (vgl. auch Kap. 2.3.5)

---

[224] Gipper, Das Sprachapriori, 227.
[225] Vgl. a.a.O., 228-230.
[226] A.a.O., 230.
[227] A.a.O., 231.

2.3.2.2 Erkenntnisleitende Interessen

Den unterschiedlichen Arten des Leibengagements im Erkenntnisvorgang entspricht nach Apel ein bestimmtes erkenntnisleitendes Interesse: dem experimentellen Engagement der Naturwissenschaften das der technischen Verfügung, dem praktischen Engagement der Geisteswissenschaften das des Verstehens.[228] Dabei seien die erkenntnisleitenden Interessen von Erklären und Verstehen, also Szientistik und Hermeneutik, nicht aufeinander reduzierbar sondern komplementär zueinander zu denken[229] und dialektisch nach dem Modell der Psychotherapie in Form einer Ideologiekritik als erkenntnisanthropologischer Basistheorie zu vermitteln.[230]

Jenseits eines rein objektivierend-erklärenden Verfügungswissens und rein subjektiven Verständigungswissens erhebt Apel unter Voraussetzung der Komplementarität beider erkenntnisleitenden Interessen ein drittes, emanzipatorisches Erkenntnisinteresse "als das einer dialektischen Selbstvermittlung der hermeneutischen Verständigung durch eine historische Objektivierung ihrer Quasi-Natur mit dem Ziel einer Emanzipation ihrer selbst"[231]. Dieses emanzipatorische Erkenntnisinteresse kennzeichnet er als "*Interesse an der Veränderung des Bewußtseins* [...] im Sinne der *reflexiv vermittelten Beseitigung der Kluft zwischen dem* immer schon antizipierten verantwortlichen *Subjekt und dem* realiter vorgefundenen *Objekt-Subjekt der Geschichte*"[232], das eine "*reflexive Vertiefung des menschlichen Selbstverständnisses* durch eine *quasinaturalistische Phase* der partiellen Suspendierung der Subjekt-Subjekt-Relation der kommunikativen Erfahrung zugunsten *quasi-kausaler* und *quasi-funktionaler Erklärungen*"[233] anstrebt.

Das beschriebene ideologiekritische Erkenntnisverfahren eines emanzipatorischen Erkenntnisinteresses zielt auf ein umfassendes Selbst- und menschliches Einverständnis und kann nur als rekonstruktive Sozialgeschichte betrieben werden in Form einer "dialektischen Vermittlung des hermeneutischen Verstehens menschlicher Handlungen und Institutionen durch das quasiszientifische »Erklären« der als Quasi-Natur verdinglichten Aspekte sozialer Interaktion, die der umfassenden Verständigung bisher im Wege standen."[234] Nach Apel ist dieses emanzipatorische Erkenntnisinteresse normativ begründet im unhintergehbaren Situationsapriori des "dia-

---

[228] Vgl. Apel, Szientistik, Hermeneutik, Ideologiekritik, 100.
[229] Vgl. dazu a.a.O., 101-120.
[230] Vgl. a.a.O., 120-127.
[231] Apel, Einleitung: Transformation der Philosophie, 69f.
[232] Apel, Sprechakttheorie und transzendentale Sprachpragmatik zur Frage ehtischer Normen, 144.
[233] A.a.O., 143.
[234] Apel, Einleitung: Transformation der Philosophie, 66.

lektischen Widerspruch[s] zwischen der realen und der idealen Kommunikationsgemeinschaft"[235].
Damit sind wir bei der Frage angelangt, wie die erkenntnisanthropologisch erhobenen, leibbedingten Erkenntnisinteressen durch transzendentale Reflexion als normative Möglichkeitsbedingungen aller sprachvermittelten Erkenntnis ausgewiesen werden können. Dies ist nach Apel nur durch eine transzendentalpragmatische Reflexion auf die Möglichkeitsbedingungen gültiger Diskurse möglich.

2.3.3 Transzendentalpragmatische Transformation der Transzendentalphilosophie

Angeregt durch die sprachanalytische Philosophie der Moderne muß die erkenntnistheoretische Frage Kants nach den Bedingungen der Möglichkeit von Erkenntnis im Subjekt nach Apels Auffassung auf die Sprache ausgedehnt werden. Entscheidend für die Geltungsreflexion der Transzendentalphilosophie sei nicht mehr Evidenz für das einzelne Bewußtsein im Sinne Descartes', auch nicht für das kantische Bewußtsein überhaupt, das gleichzeitig Garant für Intersubjektivität war, sondern die Erzielung intersubjektiver Gültigkeit aufgrund sprachlicher Verständigung.[236] Apel formuliert darum im Anschluß an Kant die erkenntnistheoretische Fragestellung neu als "*Reflexion auf die Bedingungen der Möglichkeit und Gültigkeit von Erkenntnis*", was in der Konsequenz bedeutet: "[D]ie Sprache wäre also heute, so wie früher das Bewußtsein, Thema und Medium der transzendentalen Reflexion"[237].
Mit Descartes und Kant ist er der Meinung, daß ein Bewußtsein als "kritische Instanz der Geltungsreflexion"[238] zwar unumgänglich vorausgesetzt werden müsse, wenn man etwas erkennen will, eine Illusion der neuzeitlichen Erkenntnistheorie aber in der Annahme liege, "daß ein einsames Denksubjekt sich aus der Verstrickung in die Sprache herausreflektieren könnte"[239]. Der Grund dafür sei darin zu sehen, daß die Sprache nicht objektivierbar ist, d.h., daß das Subjekt sich die Sprache nicht als Erkenntnisgegenstand gegenüberbringen kann.[240]

---

[235] Ders., Sprechakttheorie, 144.
[236] Vgl. ders., Sprache als Thema und Medium, 312.
[237] Ebd..
[238] A.a.O., 317.
[239] A.a.O., 318.
[240] Vgl. Apel, Szientistik, Hermeneutik, Ideologiekritik, 99.

Der Fehler der Vertreter der traditionellen Erkenntnistheorie, namentlich Descartes und Locke, beruht, Apel zufolge, auf der Annahme eines methodischen Solipsismus, also eines einsam für sich denkenden Subjekts, was in der Konsequenz bedeutet, daß es primär nur 'Privatsprachen' geben kann, in dem Sinn, daß innere, "*intramentale Vorstellungen*"[241] unmittelbare Bedeutungen haben, denen in einem sekundären Schritt sprachliche Bezeichnungen zugeordnet werden. Während Descartes dabei das Problem intersubjektiver Verstän-digung gar nicht problematisiert, versucht Locke es zu lösen, indem er einen gemeinsamen Gebrauch der Bezeichnungen einfachhin voraussetzt.[242] Apel weist im Gegenzug darauf hin, daß der methodisch-solipsistische Denkansatz bereits eine öffentliche Sprache voraussetzen muß: "Man wird heute dem einsamen Denker, der sich zum *methodischen Solipsismus* verpflichtet glaubt, sehr schnell zeigen, daß er bereits mit den Argumenten, die für ihn selbst Geltung haben sollen, ein *öffentliches Sprachspiel* voraussetzt; dieses vorausgesetzte Sprachspiel macht z.B. im Falle des Ausdrucks »bloß im Bewußtsein« den Sinn des Arguments davon abhängig, daß nicht *alles* Meinbare bloß im Bewußtsein ist."[243]

Philosophiegeschichtlich gründet der methodische Solipsismus trotz des dialogischen Charakters von Platons Philosophie letztlich in der platonischen Ideenkonzeption, insofern die unmittelbare Seelenschau der Ideen quasi außersprachlich gedacht wird: "Infolge der kon-kurrierenden Orientierung an der Ideenschau führt die dialogische Konzeption des Denkens bei Platon gerade nicht zu der heute naheliegenden Interpretation des Denkens als einer Funktion der intersubjektiven *Kommunikation*, sondern eher in die Richtung einer radikalen Unterscheidung des Denkens von der Sprache als bloß sekundärem Ausdruck oder Werk-zeug (οργανον) der Gedanken."[244] Historisch vermittelt ist die sprachunabhängige Ideenkonzeption durch die ebenso sprachunabhängige Bezeichnungskonzeption des Aristoteles, insofern dieser die Vorstellungen als Abbilder der Dinge auffaßt, denen nachträglich sprachliche Bezeichnungen zugeordnet werden aufgrund von Konvention.[245]

Zur Erläuterung seines eigenen "transzendentalhermeneutischen Begriff[s] der Sprache"[246] macht sich Apel die These des späten Wittgenstein von der "Unmöglichkeit einer Privatsprache"[247] zunutze. Diese These läßt sich nach

---

[241] Ders., Der transzendentalhermeneutische Begriff der Sprache, 341.
[242] Vgl. zu diesem ganzen Abschnitt: ders., a.a.O., 340f.
[243] Ders., Sprache als Thema und Medium, 315.
[244] Ders., Der transzendentalhermeneutische Begriff der Sprache, 335
[245] Vgl. a.a.O., 335f.
[246] A.a.O., 333.
[247] A.a.O., 346.

Apel nicht rein empiristisch begründen und beschreiben, sondern nur durch die Annahme, daß der philosophische Beobachter von Sprachspielen qua Beobachtung in diese bereits involviert sein muß, d.h. mit ihnen bereits in Kommunikation stehen muß. Für Apel läßt es sich mit Wittgenstein zeigen, "daß ein Sprachspiel nicht aufgrund externer Beobachtung als solches beschrieben werden kann, sondern nur aufgrund einer - wenn auch distanzierten - Teilnahme am Sprachspiel. Daraus folgt aber, daß der Philosoph, der über Sprachspiele im allgemeinen etwas sagen will, implizit voraussetzt, daß er prinzipiell mit *allen* Sprachspielen kommunizieren kann."[248] Gemäß Apel ist das nur dadurch zu erklären, daß der Mensch die Fähigkeit zur Reflexion des eigenen Sprachspiels und zur Kommunikation mit prinzipiell allen Sprachspielen bereits mit der Aneignung seiner eigenen konkreten Sprache als Aneignung der sprachlichen Verständigung überhaupt erlernt.[249] Dann kann allerdings als normative Kontrollinstanz nicht ein faktisches Sprachspiel, sondern nur das "*ideale Sprachspiel einer idealen Kommunikationsgemeinschaft* in Betracht gezogen werden"[250], also eine prinzipiell unbegrenzte und unabschließbare Kommunikationsgemeinschaft.

Dieses Sprachspiel bezeichnet Apel in Anschluß an Charles Sanders Peirce als "transzendentales Sprachspiel"[251], da die "unbegrenzte *Experimentier-Gemeinschaft*, die zugleich unbegrenzte *Interpretationsgemeinschaft* ist"[252], das "quasi-transzendentale Subjekt"[253] im Sinne Kants höchstem Punkt der Transzendentalphilosophie darstellt.

Nach Apel interpretiert Peirce unser zeichenvermitteltes Erkennen, und ein solches liegt angesichts der menschlichen Sprache immer schon vor, als dreistellige Zeichenrelation zwischen Interpret, Zeichen und bezeichneter Sache: "Der Grundgedanke von Peirce, von dem ich ausgehe, ist die These, daß die *Zeichen-Relation* bzw. Zeichenfunktion („Semiosis") eine nicht weiter reduzierbare *dreistellige Relation* ist [...] Die prinzipielle Dreistelligkeit der Zeichen-Funktion liegt nach Peirce in dem Umstand, daß ein Zeichen(I) für einen Interpreten (II) etwas(III) bezeichnet (genauer: etwas in einer Hinsicht - als etwas [...])".[254] Die Einheit der Semantik einer intersubjektiv gültigen Bezeichnung eines Gegenstandes durch ein Zeichen

---

[248] Apel, Von Kant zu Peirce, 162.
[249] Vgl. ders., Der transzendentalhermeneutische Begriff der Sprache, 347.
[250] A.a.O., 348.
[251] Ebd..
[252] Apel, Von Kant zu Peirce, 173.
[253] Ebd..
[254] Apel, Zur Idee einer transzendentalen Sprach-Pragmatik, 285.

kann demnach erst in der pragmatischen Dimension, d.h. der Ebene der Interpretation in der Kommunikation, erreicht werden.[255]
Damit zeichnet sich die transzendentalsemiotische Transformation der kantischen Transzendentalphilosophie durch Peirce ab. Der höchste Punkt der transzendentalen Deduktion ist, transzendentalsemiotisch betrachtet, nicht ein Bewußtsein überhaupt, wie Kant es annimmt, sondern eine Sinnverständigung durch Zeicheninterpretation in der unbegrenzten Kommunikationsgemeinschaft der Menschen: "Die wichtigste Konsequenz der Berücksichtigung des Aprioris der sprachlichen Verständigung scheint mir - mit Peirce - darin zu liegen, daß als „höchster Punkt" der transzendentalen Deduktion der Bedingungen der Möglichkeit und Gültigkeit der Erkenntnis nicht mehr lediglich die „transzendentale Synthesis der Apperzeption" (im Sinne der Einheit des Gegenstandsbewußtseins und des Selbstbewußtseins) ins Auge zu fassen ist, sondern darüber hinaus eine transzendentale Synthesis der *Zeichen-Sinn-Interpretation* und *Wahrheits-Konsensbildung* in der unbegrenzten *Interpretationsgemeinschaft* der Forscher."[256] Für Apel ist sogar gerade die Fähigkeit zur Antizipation der Identifikation von denkendem Subjekt und idealer Argumentationsgemeinschaft Möglichkeitsbedingung für die Einheit von Gegenstands- und Selbstbewußtsein im Sinne Kants.[257]
Somit läßt sich resümieren: Der nachgezeichnete transzendentalhermeneutische oder transzendentalpragmatische Sprachbegriff erbringt nach Apel den Nachweis, "daß es sich bei der Sprache um eine *transzendentale* Größe im Sinne Kants handelt, genauer: um eine Bedingung der Möglichkeit und Gültigkeit der Verständigung und Selbstverständigung und damit zugleich des begrifflichen Denkens, der gegenständlichen Erkenntnis und des sinnvollen Handelns."[258] Das bedeutet nicht, daß es für Apel nicht weitere Möglichkeitsbedingungen der Erkenntnis gibt. Selbstverständlich ist Apel der Meinung, daß die Einheit des Bewußtseins unentbehrliche, transzendentale Bedingung der Möglichkeit von Erkenntnis ist, nur daß eben die individuelle Bewußtseins-Evidenz allein noch nicht intersubjektive Gültigkeit der Erkenntnis verbürgt. Dazu bedarf es der Sinnverständigung und Konsensbildung.[259]
Apel schlägt damit in seinem eigenen Selbstverständnis den vom frühen Fichte vorgezeichneten Weg einer rekonstruktiven Transzendentalphilosophie als "Versuch einer »Selbstrekonstruktion der Vernunft« im Nachvoll-

---

[255] Vgl. Apel, Von Kant zu Peirce, 163.
[256] Apel, Zur Idee einer transzendentalen Sprach-Pragmatik, 301f.
[257] Vgl. ders., Das Apriori der Kommunikationsgemeinschaft, 411, Anm. 81.
[258] Ders., Der transzendentalhermeneutische Begriff der Sprache, 333.
[259] Vgl. ders., Zur Idee einer transzendentalen Sprach-Pragmatik, 300.

zug der »Tathandlungen des Ichs«"[260] ein. Allerdings ist für ihn eine "*willkürfreie Rekonstruktion* der (praktischen und theoretischen) Ver-nunft" nur als transzendentalpragmatische Besinnung auf die Vernunft als eines "im Sinne eines »apriorischen Perfekts«" immer schon zur Sprachgemeinschaft zugehörigen **Faktums** möglich.[261] Damit dürfte Apel jedoch der kantischen Bestimmung der Vernunft als Faktum wesentlich näher sein als der Fischte'schen Bildkonzeption, die sich ab der Wissenschaftslehre von 1804 abzeichnet und mit der Fichte die Herkunft der Vernunft zu rekonstruieren sucht. Der von Apel implizit vorgenommenen Willkür-Qualifizierung von Fichtes Philosophie, die vermutlich in der Annahme metaphysischer Einschläge bei Fichte gründet, kann an dieser Stelle nicht weiter nachgegangen werden.[262]

2.3.4 Reflexive Letztbegründung statt Kritizismus

Gegen Alberts Argumentation, daß jeder Versuch einer philosophischen Letztbegründung in die Trilemmasituation eines infiniten Regresses, eines logischen Zirkels oder eines willkürlichen Begründungsabbruchs durch Rekurs auf unmittelbare Evidenz führe[263], macht Apel geltend, daß dies nur unter der Voraussetzung eines rein apodeiktisch-deduktiven Begründungsverfahrens der Fall ist. Diese Einsicht, daß auf der Ebene formallogischer Deduktion von Sätzen aus Sätzen ein Rückgang auf Evidenz als willkürlicher Abbruch der Argumen-tation erscheint, sei allerdings "trivial"[264] und Alberts Trilemmasituation nichts weiter als eine "voll-ständige Explikation" der schon von Aristoteles angedeuteten Aporetik des axiomatisch-deduktiven Begründungsverfahrens.[265]
Alberts Beschränkung des Begriffs der Letztbegründung auf eine Deduktion von Sätzen aus Sätzen ruht nach Apel auf dem abstraktiven Fehlschluß der gesamten syntaktisch-semantisch arbeitenden Sprach- und Wissenschaftslogik, die die nicht formalisierbare pragmatische Dimension der Argumentation als nichtphilosophische Dimension ausscheidet und in den

---

[260] Ders., Das Apriori der Kommunikationsgemeinschaft, 419.
[261] A.a.O., 422f.
[262] Vgl. dazu Verweyens Bildkonzeption der Vernunft in Anlehnung an Fichte, die dezidert ohne metaphysische Rückgriffe auskommt, ohne jedoch beim bloßen Faktum der Vernunft stehenbleiben zu müssen. (vgl. Kap. 3.3.2)
[263] Vgl. dazu Kap. 2.1.4.2 .
[264] Apel, Das Apriori der Kommunikationsgemeinschaft, 406.
[265] Vgl. ders., Das Problem der philosophischen Letztbegründung, 58.

Zuständigkeitsbereich empirischer Psychologie verweist.[266] Dagegen erweist sich nach Apel durch transzendentalpragmatische Reflexion auf die subjektiv-intersubjektiven Möglich-keitsbedingungen gültiger Argumentation die Einsicht, "daß gewisse Evidenzen nicht *deduktiv begründet* werden können, ohne dabei selbst vorausgesetzt werden zu müssen [...] als *reflexive, transzendentalpragmatische Einsicht in die unkritisierbaren Grundlagen der Argumentation selbst*"[267].

Zur Explikation dieser Auffassung, daß es unhintergehbare Voraussetzungen der Argumentation gibt, deren Evidenz sich aus der Struktur des Argumentierens ergibt, rekurriert Apel einerseits auf Peirce' Fallibilismus-Prinzip des virtuell universalen Zweifels, wonach virtuell an allem für evident Gehaltenem gezweifelt werden kann, sinnvoller Zweifel aber gewisse Gewißheiten voraussetzt, die als Maßstab für etwas in Zweifel zu Ziehendes dienen, und andererseits auf Wittgensteins "paradigmatische Evidenz" auf Grundlage derer das Sprachspiel des Zweifels erst sinnvoll durchführbar ist.[268] Für den Bereich der Logik kann Apel zur Stützung seiner Argumentation auf eine Studie Lenks zurückgreifen, der feststellt, "daß wenigstens *einige* logische Regeln grundsätzlich der rationalen Revision entzogen sind", da sie mit der Institution der Kritik "analytisch" verbunden bzw. direkte Explikationen der Idee rationaler Kritik selbst sind.[269]

Daß Kritik nicht absolut gesetzt werden kann, daß also das Prinzip zureichender Begründung durch Rekurs auf philosophische Evidenz nicht durch das Prinzip rationaler Kritik prinzipiell ersetzt werden kann und insofern der "pankritische Rationalismus" einen philosophisch unhaltbaren Standpunkt darstellt, kann man sich mit Apel auch dadurch verdeutlichen, daß eine Selbstanwendung des Fallibilismus-Prinzips in die Paradoxie führt, da sie dem Prinzip den Boden entzieht.[270] Eine Rechtfertigung des Prinzips der Kritik ist aber nur durch Beschränkung des Prinzips mittels transzendentaler Reflexion der kritischen Vernunft auf ihre Möglichkeitsbedingungen und somit unhintergehbaren Voraussetzungen möglich: "Die Pointe philosophischer Letztbegründung liegt dann in dem reflexiven - transzendentalpragmatischen und nicht deduktiven - Argument, daß man weder für noch gegen die Regeln des transzendentalen Sprachspiel argumentieren oder sich praktisch entscheiden kann, ohne diese Regeln schon vorauszusetzen."[271]

---

[266] Vgl. a.a.O., 72.
[267] Ebd..
[268] Vgl. a.a.O., 64ff.
[269] Beide Zitate: Lenk, Philosophische Logikbegründung und rationaler Kritizismus, 201ff.
[270] Vgl. Apel, Das Problem philosophischer Letztbegründung, 71.
[271] A.a.O., 76.

Von hier aus läßt sich nun auch Poppers dezisionistische Grundposition, daß das Prinzip kritischer Argumentation nicht rational begründbar sei, sondern zwischen dem Prinzip des 'Kritischen Rationalismus' und dem Irrationalismus ein Glaubensakt, eine "irrationale und moralische Entscheidung"[272] den Ausschlag geben müsse, als unhaltbar erweisen. Popper ist zwar Recht zu geben, daß die transzendentalpragmatische Geltungsreflexion nicht den Willensentschluß für eine praktische Realisierung der Vernunft im Sinne des sich Einlassens auf die kritische Argumentation "*determiniert*", und insofern bedarf es der willentlichen Entscheidung für die rationale Argumentation[273]. Aber diese willentliche Entscheidung ersetzt nicht die transzendentale Legitimation, wie auch der nichtdeterminierbare Wille die Entscheidung zu vernünftiger Argumentation nicht zur irrationalen Entscheidung macht. Denn die Haltung kritischen Argumentierens in der philosophischen Diskussion ist die einzig semantisch-pragmatisch konsistente, da mit der Einnahme des Obskurantismus der philosophische Diskurs selbst beendet wird.[274]

Die Behauptung Poppers, der Irrationalismus sei widerspruchsfrei zu verteidigen, da die Annahme von Argumenten immer verweigert werden könne[275], kann transzendentalpragmatisch widerlegt werden, da derjenige, der die Argumentationsverweigerung verteidigt, actualiter einen performativen Selbstwiderspruch vollzieht, und derjenige, der rationale Argumentation grundsätzlich verweigert, einen Akt der Selbstnegation bzw. Selbstdestruktion setzt, "etwa im Selbstmord aus existenzieller Verzweiflung oder im pathologischen Prozeß des paranoisch-autistischen Selbstverlusts"[276].

Somit läßt sich mit Apel resümieren: "Das Verbot des performativen Selbstwiderspruchs wird [...] nicht wie etwa das Verbot des propositionalen Widerspruchs "a und non-a" als Axiom einer Logik-Theorie eingeführt, sondern es ergibt sich aus einer reflexiven Einsicht: aus der Einsicht, daß bei der Einführung jeder denkbaren Theorie bzw. aller denkbaren Axiome die performative Selbstkonsistenz der Rede schon vorausgesetzt ist. Die Selbstkonsistenz [...] ist für das Denken qua Argumentation nichthintergehbar."[277]

---

[272] Popper, Die offene Gesellschaft und ihre Feinde II, 284ff.
[273] Vgl. a.a.O., 285.
[274] Vgl. Apel, Das Apriori der Kommunikationsgemeinschaft, 413.
[275] Vgl. Popper, Die offene Gesellschaft und ihre Feinde II, 284.
[276] Apel, Das Problem der philosophischen Letztbegründung, 75f.
[277] Ders., Die Herausforderung der totalen Vernunftkritik, 5.

2.3.5 Der philosophische Status der Transzendentalpragmatik

Die Transzendentalpragmatik versteht sich insofern als eine Transformation der Transzendentalphilosophie Kants, als sie die von Kant postulierten reinen Verstandeskategorien und Anschauungsformen als prälinguale und präkommunikative Möglichkeitsbedingungen der Gegenstandskonstitution für jedes Bewußtsein zwar ebenfalls voraussetzt, sie aber gleichzeitig erkenntnisanthropologisch und transzendentalpragmatisch als allein gegenstandskonstitutiv kritisiert und übersteigt, indem sie auf die erkenntnisleitenden Interessen und die Struktur der Sprache als Voraussetzungen des Erkenntnisprozesses reflektiert. Die Transzendentalpragmatik geht also nicht von einem reinen kategorialen Apriorismus im Erkenntnisvorgang aus, sondern nimmt über Kant hinaus an, daß die Gegenstandskonstitution immer schon sprachlich vermittelte und bedingte Gegenstandsinterpretation und der Rechtfertigungsdiskurs von Sinn- und Wahrheitsansprüchen immer schon sprachlich vermittelt ist.[278]
Durch die Reflexion auf die Bedingungen der Möglichkeit jeder Argumentation erweist sie aber gewisse Evidenzen als unhintergehbar und insofern letztbegründete Einsichten aus. In transzendentalpragmatischer Reflexion läßt sich nach Apel auf der Grundlage der von Peirce erarbeiteten Dreistelligkeit der Zeichenrelation als festes, quasi cartesisches Fundament der Erkenntnis neben der Existenz des denkenden Bewußtseins die Existenz der realen Außen-welt und die Existenz einer Kommunikationsgemeinschaft zwecks intersubjektiver Prüfung der je meinigen Einsichten sichern.[279] Ist die Sprache tatsächlich unhintergehbar, ist dieses Ergebnis zweifellos richtig. Das kann allerdings bezweifelt werden.[280]
Apel geht also auch von der kantischen Trennung der Vernunft in theoretische und praktische aus, gelangt aber in der pragmatischen Dimension des immer schon sprachvermittelten Denkens doch noch zu einer immer schon von der menschlichen Kommunikationsgemein-schaft durch Antizipation der idealen Kommunikationsgemeinschaft getragenen Einheit des Bewußtseins, die in transzendentalpragmatischer Besinnung auf die menschliche Sprach- und Argumentationsstruktur als normatives Fundament ausgewiesen werden kann. In Anlehnung an Wittgenstein bezeichnet Apel das Fundament, auf dem jeder philosophische Diskurs ruht, als "*transzendentales Sprachspiel*", in dem die Regeln der idealen Kommunikationssituation

---

[278] Vgl. ders., Sprechakttheorie, 26f.
[279] Vgl. ders., Das Problem der philosophischen Letztbegründung, 74f.
[280] Vgl. auch Kap. 3.2.1 dieser Arbeit.

vorausgesetzt und die von Habermas erarbeiteten vier universalen Geltungsansprüche des Diskurses reziprok antizipiert werden.[281]
In der Konsequenz dieses transzendentalsemiotischen, auch transzendentalhermeneutisch bzw. -pragmatisch genannten Denkens ersetzt Apel mit Peirce die Trennung von Bewußt-seinsimmanenz und Bewußtseinstranszendenz, bzw. die Unterscheidung zwischen erkennbaren Gegenständen und den prinzipiell unerkennbaren 'Dingen an sich' durch die Unterscheidung in faktisch Erkanntes, das immer unter dem Vorbehalt des Irrtums verbleibt, und dem "*in the long run* erken*nbaren* Realen"[282]. Von der Erkenntnis in the long run als Konsens der idealen Kommunikationsgemeinschaft ist dann nach Apel auch Antwort auf die philosophischen Wesensfragen zu erwarten.[283] "Dies impliziert allerdings, daß die mit dem platonischen Episteme-Begriff der Wissenschaft verbundene definitive Gewißheits-Forderung [...] aufgegeben wird zugunsten des - wiederum sinnkritisch begründbaren - Postulats, daß die stets revidierbare (hypothetische) Erkenntnis der Wissenschaft „in the long run" die Wahrheit hinsichtlich des Realen als des Erkennbaren *muß* erreichen können."[284] Das bedeutet zugleich, daß damit die Geltungsproblematik der Erkenntnis auf das Ende des Forschungsprozesses verschoben ist.[285]
Wahrheit wird somit von Erkennbarkeit her definiert, allerdings unter der Voraussetzung eines Konsenses der idealen Kommunikationsgemeinschaft. Apel gesteht jedoch selbst zu, daß damit nicht gesichert ist, daß Wahrheit von den Menschen je erreicht wird, daß sie je real existieren wird, und sagt sogar darüber hinaus: "[F]ür die regulative Idee des definitiven Wahrheitskonsenses gilt sogar mit Kant und Peirce, daß ihr nichts Empirisches korrespondieren kann."[286]
Ist damit die Wahrheit nicht doch nur eine Chiffre für Konsens und Erkenntnis für das grundsätzlich Erkennbare, das real keine empirische Entsprechung besitzt? Wird dadurch Kants prinzipiell unerkennbares Ding-ansich nicht zu einer universalen "Problematik der unendlichen Approximation"[287], die auch auf die Erkenntnisgegenstände ausgedehnt ist? Was bedeutet das für eine Vernunft, die zwar nach Apel in der Argumentationsgemeinschaft gegründet ist, sich also ihrer Existenz gewiß sein kann, darüber hinaus aber dem Entwurf, der prinzipiellen Vorläufigkeit ihrer Er-

---

[281] Vgl. Apel, Das Problem der philosophischen Letztbegründung., 75 und ders., Die Herausforderung der totalen Vernunftkritik, 10.
[282] Ders., Von Kant zu Peirce, 175.
[283] Vgl. ders., Der transzendentalhermeneutische Begriff der Sprache, 349.
[284] Ders., Zur Idee einer transzendentalen Sprach-Pragmatik, 296, Anm. 11.
[285] Vgl. ders., Von Kant zu Peirce, 174.
[286] Ders., Zur Idee einer transzendentalen Sprach-Pragmatik, 302.
[287] Ders., Von Kant zu Peirce, 175.

kenntnis verhaftet bleibt? Gilt dieses Ergebnis für theoretische und praktische Erkenntnis, so ist wird auch damit in der Konsequenz dem postmodernen Beliebigkeitsparadigma Vorschub geleistet, wenn auch sicher wider Apels Intention.

Es stellt sich allerdings die Frage, ob Apel in seinem Bemühen, den methodischen Solipsismus als unfruchtbar und philosophisch unhaltbar zu erweisen, nicht die Bedeutung der lingualen und kommunikativen Verfaßtheit der menschlichen Vernunft überschätzt. Im Bereich der theoretischen Erkenntnis ist es sicher richtig, daß bereits die Gegenstandskonstitution im Sinne begrifflicher Urteilsbildung über unmittelbare Wahrnehmungsevidenzen sprachlich verfaßt ist und damit immer bereits Weltinterpretation in der Konstitution stattfindet. Gibt es aber nicht im Bereich der praktischen Vernunft eine Evidenz, die trotz sprachlicher Ver-faßtheit als reine, unmittelbare Sollenserfahrung mit unbedingtem Anspruch kennzeichenbar ist? Apel scheint selbst auf einen derartigen Unbedingtheitsanspruch zu rekurrieren, wenn er darum bemüht ist, Diskursteilnehmer zu einer rationalen und kommunikativen Argu-mentationsart zu bewegen, d.h. also die nicht-determinierbare Willensentscheidung für ein Kommunikationsethos zu gewinnen, insofern wir als Diskursteilnehmer selbstkonsistent sein sollen. Es sei einmal dahingestellt, ob Apel hier einen naturalistischen Fehlschluß begeht in dem Versuch, auf der Basis der Selbstkonsistenz eine Kommunikationsethik zu begründen. Was bleibt, ist sein Rekurs auf die Sollensevidenz der Selbstkonsistenz. Und läßt diese Sollensevidenz nicht auf eine Form der Selbstgewißheit hinsichtlich praktischer Konsequenzen aus dem Sollen schließen, die jeder sprachlichen Fassung und damit auch Beeinflussung vorausliegt?

Abschließend ist festzuhalten, daß auch Apels transzendentalpragmatische Sicherung der Idee der idealen Kommunikationsgemeinschaft dem hermeneutischen Zirkel der Sprache nicht entrinnt, ja auch glaubt, der Bedingtheit durch Sprache nicht entrinnen zu können. Insofern hier also gar kein unhintergehbarer Ausgangspunkt menschlicher Erkenntnis angezielt wird, kann man die Transzendentalpragmatik auch nicht in die Reihe erstphilosophischer Denkbemühungen im Sinne Descartes', Fichtes, Husserls u.a. stellen. Das hat aber zur Folge, daß sie weder für den rein philosophischen Logos noch für den Logos des Glaubens ein festes Fundament darstellen kann.

3. Hansjürgen Verweyens erstphilosophischer Entwurf eines letztgültigen Sinnbegriffs

Im nun folgenden Kapitel soll mit Hansjürgen Verweyens fundamentaltheologischer Konzeption der 'Bildtheorie' ein erstphilosophisches Denken vorgestellt werden, das sich einerseits klassischem transzendentalphilosophischen Denken im Gefolge Descartes' und Fichtes verpflichtet weiß und andererseits nicht scheut, auf die Unbedingtheitsstruktur menschlicher Vernunft und die unbedingte Inanspruchnahme menschlicher Freiheit durch andere Freiheit zu reflektieren. Ohne in klassische metaphysische Kategorien abzugleiten, entwickelt Verweyen in der Tradition cartesischer Sicherung der Autonomie einen Begriff letztgültigen Sinns, der in innerer Notwendigkeit mit dem Gottesgedanken verknüpft ist und Gottes Existenz sinnkritisch sichert.[288]

Die Notwendigkeit erstphilosophischen Denkens für die Fundamentaltheologie ergibt sich laut Verweyen sowohl aus genuin theologischen, wie auch aus genuin philosophischen Gründen. Da es in dieser Arbeit im Umfeld der philosophischen Problematik von Letztgültigkeit um die Möglichkeit einer rationalen Verantwortung des christlichen Glaubens vor der philosophischen Vernunft geht, sei die innertheologische Fundierung erstphilosophischen Denkens hier nur eben angerissen.

Wenn der christliche Glaube sich auf eine unüberbietbare, letztgültige Selbstmitteilung Gottes in Jesus Christus beruft, den Menschen sozusagen ein 'Ein-für-allemal' Gottes zusagt, in dem sich Gott dem Menschen als letzte Füllung seiner Sinnfrage erweist, so ist es aus theologischer Perspektive nicht damit getan, den Glauben als eine bloß fideistische Zustimmung zu diesem 'Ein-für-allemal' zu präsentieren, sondern dann bedarf es notwendigerweise der Erarbeitung eines Begriffs von letztem Sinn und letzter Wahrheit, an Hand dessen die Vernunft den christlichen Anspruch bemessen und in autonomer Weise einsehen kann, um so zu einer tiefen Überzeugung und einem eigenen festen Grund zu gelangen.[289]

Entscheidender im Kontext der vorliegenden Arbeit ist nun aber die Notwendigkeit einer Ersten Philosophie, wie sie Verweyen aus der Mitte philosophischen Denkens selbst ableitet.

---

[288] Es soll an dieser Stelle nicht verschwiegen werden, daß der Verfasser sich diesem Denken verpflichtet weiß und es darum in weitgehender Zustimmung zur Darstellung bringt.

[289] Vgl. Verweyen, Bildbegriff und transzendentale Sinnreflexion, 45. Darüber hinaus ders., Gottes letztes Wort (GlW), 85-91.

3.1 Die gegenseitige Verwiesenheit von Hermeneutik und Erster Philosophie

Verweyen stimmt mit dem Anliegen der Hermeneutik völlig überein, eine universale Offenheit des Verstehens für das je Neue und den je Anderen gegen Dogmatismus und Ideologie zu sichern, insistiert allerdings darauf, daß die inneren Möglichkeitsbedingungen dazu gerade in einer Philosophie liegen, die einen nicht mehr hermeneutisch bedingten Begriff von Sinn erarbeitet. Jedes hermeneutische Sinnverstehen bedarf eines letztgültig gesicherten Sinnbegriffs, von dem aus sich Beurteilungskriterien für die unterschiedlichen, pluralen Sinnentwürfe ergeben. Wird die Notwendigkeit eines letztgültigen, d.h. nicht mehr hermeneutischen, sondern erstphilosophisch gesicherten Sinnbegriffs abgelehnt, entstehen laut Verweyen zwei Gefahren: die dogmatischer Nichtfestlegung und die ideologischer Manipulation.[290]

Einerseits ist gegen Heidegger, der den Menschen als wesenhaft durch die Kategorie der Frage bestimmt betrachtet[291], einzuwenden, daß diese, wie Verweyen es bezeichnet, 'Hypostasierung der Frage' eine dogmatische Setzung ist, insofern das Wissen um das Verbleiben des Menschen in der Frage nicht durch einen Akt des Fragens, sondern durch einen Akt vorausgreifenden Urteilens gewonnen wird. Denn jede ernstgemeinte Frage steht in der 'Gefahr', durch eine Antwort überholt zu werden. Somit erscheint die Bestimmung als Frage eher als eine Immunisierungsstrategie bzw. ein Dogmatismus des Sich-nicht-festlegen-wollens, denn als eine hermeneutische Offenheit.[292]

Andererseits macht Verweyen gegen die Diskurstheorie Habermas' und Apels geltend, daß es ohne letztgültigen Sinnbegriff keine sicheren Kriterien gibt, von denen her das faktisch Geltende oder die faktische Kommunikationssituation überprüft werden kann. Manipulation läßt sich dann prinzipiell nicht von Herrschaftsfreiheit unterscheiden, und Rhetorik gewinnt in menschlicher Kommunikation und philosophischer Argumentation einen unhinterfragbaren Boden.[293] Mit dieser Kritik trifft Verweyen die Schwachstelle der Diskurstheorie, da Habermas selbst eingesteht, daß es innerhalb seiner Theorie der grundsätzlich kommunikativen bzw. prozeduralen Verfaßtheit der Vernunft keine externen Beurteilungskriterien, d.h.

---

[290] Vgl. GlW, 98-100. Auf der gleichen Linie dürfte Feyerabends methodologische Zurückhaltung und die Ablehnung jeglicher festen Überzeugung zu beurteilen sein. Vgl. Kap. 2.1.3 .
[291] Vgl. Heidegger, Einführung in die Metaphysik, 109.
[292] Vgl. zu diesem Gedankengang GlW, 99.
[293] Vgl. GlW, 100.

keine universalen Geltungskriterien für die faktische Sprechsituation bzw. den faktisch erzielten Konsens gibt (vgl. Kap. 2.2.4.3), und es von daher letztlich schleierhaft bleibt, wie er dem hermeneutischen Zirkel trotz erklärter ideologiekritischer Einstellung entrinnen will.
Verweyen urteilt daher völlig folgerichtig, wenn er feststellt, daß auf der Grundlage der "hermeneutisch abkünftige[n] Vernunftvollzüge" von Frage und Urteil die vorgefaßten Perspektiven nicht entschränkt werden können, so wie dies im ursprünglicheren Modus des Staunens geschieht, und diese daher nicht zu unhintergehbaren Grundlagen der Reflexion erklärt werden können.[294] Daher kann er gegen Habermas' und Apels Ablehnung der letztverantwortlichen Geltungsinstanz autonomer Vernunft festhalten: "Eine Diskursgemeinschaft, die es mir nicht erlaubte, die im Konsens erzielten Gewißheiten vor dem Forum meiner eigenen „conscience" - im doppelten Sinn von (Selbst-) Bewußtsein und Gewissen - als letzter Instanz zu ratifizieren, eine solche Diskursgemeinschaft wäre alles andere als ideal."[295]
Somit läßt sich nun Verweyens Verhältnisbestimmung von Erster Philosophie und Hermeneutik zusammenfassen: Ein erstphilosophisch erarbeiteter Sinnbegriff ersetzt nicht die universale Offenheit hermeneutischen Sinnverstehens, sondern stellt gerade deren Möglichkeitsbedingung dar[296], ist also so etwas wie ein Raster. Erste Philosophie kann allerdings in der Durchführung ihres Unternehmens nicht in der Weise auf Hermeneutik angewiesen sein, wie dies umgekehrt der Fall ist, da sie sonst doch nur einen bedingten Begriff von Sinn erreichen könnte, der auf geschichtlichen Vorgaben beruhte. Das bedeutet allerdings nicht, daß ein erstphilosophisch erarbeiteter Sinnbegriff ohne sprachliche Anleihen auskäme. Diese sind zu seiner Explikation unumgehbar und darum auch verbesserungswürdig. Zur deutlichen Unterscheidung beider Arbeitsweisen betont Verweyen, daß diese erstphilosophisch-begriffliche Korrekturbedürftigkeit überwunden werden, während die hermeneutische Offenheit gerade gewahrt bleiben soll.[297]

---

[294] Vgl. Verweyen, Bildbegriff, 46f.
[295] A.a.O., 48.
[296] Vgl. GlW, 101.
[297] Vgl. zu diesem Abschnitt GlW, 102f.

3.2 Die Basis der Erstphilosophie: apodiktische Sicherung des Ich und die Unbedingtheitsstruktur der Vernunft

3.2.1 Ausgang bei der zweiten cartesischen Meditation

Verweyen setzt in seiner erstphilosophischen Argumentation bei Descartes' zweiter Meditation ein. Descartes gewinnt darin durch eine transzendental-retorsive Reflexion den von ihm gesuchten archimedischen Punkt der menschlichen Erkenntnis. Indem er das 'ego cogito' gegen die Vorstellung eines allmächtigen, täuschenden Lügengeistes sichert, gelangt er im Vollzug des universalsten Zweifels zum festen Fundament menschlicher Autonomie: "Aber es gibt einen, ich weiß nicht welchen, allmächtigen und höchst verschlagenen Betrüger, der mich geflissentlich stets täuscht. - Nun, wenn er mich täuscht, so ist es also unzweifelhaft, daß ich bin. Er täusche mich, soviel er kann, niemals wird er doch fertigbringen, daß ich nichts bin, solange ich denke, daß ich etwas sei."[298]

So wie Descartes die Autonomie des Selbst mit dieser Reflexion im Ausgang des Mittelalters gegen den allmächtigen Lügengeist gewinnt, so läßt sie sich mit Verweyen auch gegen die philosophische Hermeneutik, die analytische Sprachphilosophie oder die Diskurstheorie anwenden, die alle von einer letztendlichen, unüberwindbaren Verstrickung des Menschen in die Sprache bzw. Tradition ausgehen. Der Gedankengang Verweyens ist denkbar einfach, erfordert aber die konsequent durchgehaltene Reflexion des Ichs auf sich selbst und seine Vernunftstruktur: "Sobald ich auf die Selbstverständlichkeit, daß ich der Unhintergehbarkeit vorgegebener Sprache nicht entrinnen kann, energisch reflektiere, erkenne ich, daß wenigstens *diese* Erkenntnis nicht von Gnaden der Sprache ist"[299], denn, so könnte man fortsetzen, ich bin es ja, der diese Reflexionsbewegung vollzieht und die Erkenntnis der sprachlichen Bedingtheit auch dieser Erkenntnis trotz oder gerade in dieser Bedingtheit gewinnt. Mißt man der Erkenntnis sprachlicher Unhintergehbarkeit hingegen philosophische Letztinstanz zu und nicht dem Ich, das diese Erkenntnis gewinnt, so gerät man in die gleiche Aporie, die Apel für die Anwendung des Zweifels auf sich selbst aufzeigt[300]: Diese Erkenntnis, daß die Sprache unhintergehbar ist, und daß damit alle Erkenntnis sprachlich bedingt ist, wird selbst relativ, weil hintergangen.

---

[298] Descartes, Meditationes de prima philosophia II, 2/AT VII, 25.
[299] Verweyen, Schwerpunkte der zeitgenössischen Theologie, 12.
[300] Vgl. Kap. 2.3.4 dieser Arbeit.

Darüber hinaus insistiert Verweyen gegenüber Apels Unhintergehbarkeit der Sprachgemeinschaft auf zwei Differenzierungen des Solipsismus-Vorwurfs von Apel gegen Descartes und die traditionelle Transzendentalphilosophie. Erstens sei das Ich in der Gültigkeitsreflexion nicht bei allen seinen Denkgehalten von den Vorgaben der Sprachgemeinschaft abhängig. Und zweitens gebe es Gewißheiten über Wissensgehalte, die nicht der Sprachgemeinschaft vorgelegt werden müßten, um sie für gewiß zu halten. Auf letztere müsse auch die Transzendentalpragmatik zurückgreifen, da deren Einsichten (noch) keineswegs Konsens des philosophischen Diskurses seien.[301] Für Verweyen bleibt daher als Ausgangspunkt für sein Bemühen eines erstphilosophisch ermittelten, unhintergehbaren Sinnbegriffs nicht die Argumentationsgemeinschaft als unhintergehbares Fundament, sondern nur "die karge Cartesische Selbstgewißheit des denkenden Ich"[302].

3.2.2 Vernunftprägung durch die Idee unbedingter Einfachheit

Nachdem Descartes in der zweiten Meditation seine eigene Existenz durch die Reflexion auf die eigene Denkbewegung gesichert hat, strebt er in der dritten Meditation einen Gottesbeweis an, der die Annahme eines absoluten Betrügers widerlegt, um damit den Weg für die sichere Erkenntnis jedweder Dinge der Außenwelt freizulegen, die er sonst nicht zu erreichen glaubt.[303] Dazu reflektiert Descartes auf den Gottesbegriff, den er in sich vorfindet. Diese Idee Gottes, für Descartes namentlich die Idee des Unendlichen, kann weder empirisch erworben sein, da sie in keiner endlichen Erfahrung vorfindlich ist, noch von uns selbst durch Zusammensetzung empirischer Gehalte oder Negation des Endlichen produziert sein. In transzendentaler Reflexion weist Descartes statt dessen auf, daß der Gottesgedanke eine notwendige Möglichkeitsbedingung des Endlichen, ja sogar des eigenen Zweifels ist: "Denn ganz im Gegenteil sehe ich offenbar ein, daß mehr Sachgehalt in der unendlichen Substanz als in der endlichen ist, und daß demnach der Begriff des Unendlichen dem des Endlichen, d.i. der Gottes dem meiner selbst gewissermaßen vorhergeht. Wie sollte ich sonst auch begreifen können, daß ich zweifle, daß ich etwas wünsche, d.i. daß mir etwas mangelt und ich nicht ganz vollkommen bin, wenn gar keine

---

[301] Vgl. GlW, 191f.
[302] GlW, 195.
[303] Vgl. Med III, 4/AT VII, 36.

Vorstellung von einem vollkommenen Wesen in mir wäre, womit ich mich vergleiche und so meine Mängel erkenne?"[304]
Obwohl Descartes' Denkhorizont und das Umfeld dieser Argumentation substanzontologisch geprägt sind, ist der vorgelegte Gedankengang doch ein stringent transzendentaler Erweis der Apriorizität des Begriffs des Unendlichen. Von daher ist Verweyen recht zu geben in seiner Einschätzung: "Das im radikalen methodischen Zweifel seinen unhinterfragbaren eigenen Boden der Wirklichkeit auslotende Denken erkennt im gleichen Akt die Gottesidee als notwendige Möglichkeitsbedingung des Zweifels."[305]
Descartes kommt schließlich sogar zu dem Punkt, da das Denken sich selbst als diese Idee Gottes erfaßt und nicht mehr davon verschieden ist[306], was in Verweyens weiterer Argumentation zum Tragen kommen wird.[307]
Zunächst soll nun aber herausgearbeitet werden, worin sich Verweyens erstphilosophischer Ansatz von Descartes' weiterer und nun metaphysischer Argumentation unterscheidet. Descartes schließt an dieser Stelle von dem transzendentallogisch erarbeiteten Begriff Gottes auf dessen Existenz. Zu diesem metaphysischen Sprung greift er auf das Kausalitätsprinzip zurück[308] und weist den infiniten Regreß als Erklärungsmöglichkeit ab[309], zwei Prämissen, die man mit Verweyen als "heterogen"[310], also nicht mehr transzendentalphilosophisch begründbar, kennzeichnen muß, so daß Descartes' Schluß auf die Existenz Gottes der Kritik Kants am ontologischen Argument des unerlaubten Übergangs von der logischen in die ontische Ebene unterliegt, da die Existenz dem Begriff nicht aus sich heraus zukommt.[311]
Verweyen stellt hingegen mit Nachdruck fest, daß der Schluß auf die Existenz Gottes "hypothetischen Charakter" habe, der erstphilosophisch unbehebbar sei, und daß sein eigener Ansatz in Abgrenzung zu Descartes (wie auch Fichte), "keinen spekulativen Schritt in die Metaphysik hinein unternehme"[312]. Darüber hinaus qualifiziert er sogar Descartes' Gottesbeweis, der in dessen Konzeption der Sicherung der Außenwelterkenntnis dient, als einen Durchbruch der instrumentellen Vernunft, die hier "ihre Vorherrschaft im Rückgriff auf das Absolute selbst"[313] zu begründen bemüht sei.

---

[304] Med III, 24/AT VII, 45f.
[305] GlW, 127.
[306] Vgl. Med III, 38/AT VII, 51.
[307] Vgl. Kap. 3.3.2 der vorliegenden Arbeit.
[308] Vgl. Med III, 14/AT VII, 40.
[309] Vgl. Med III, 15/AT VII, 42.
[310] GlW, 129.
[311] Vgl. Kant, Kritik der reinen Vernunft, A 599ff/B 627ff.
[312] Verweyen, Glaubensverantwortung heute, 290.
[313] Ders., Schwerpunkte der zeitgenössischen Theologie, 11.

Statt in Metaphysik abzugleiten, ist Verweyen bemüht, in der Linie von Descartes' transzendentalem Aufweis der Apriorizität des Gottesbegriffs transzendentalphilosophisch zu untermauern, daß die menschliche Vernunft durch einen Unbedingtheitscharakter in ihrer Denkstruktur selbst geprägt ist. Dazu greift er auf die Idee des mathematischen Punktes zurück. Die ideale Einfachheit des mathematischen Punktes kann nicht durch unendliche Annäherung bzw. Teilung erreicht werden, ebenso wie auch die Idee der Unendlichkeit nicht durch Addition erreichbar ist. Addition und Teilung führen immer nur zur schlechten Unendlichkeit des n + 1 im Hegelschen Sinne.[314] Somit läßt sich mit Verweyen festhalten, daß sowohl Anselm von Canterburys Gottesbegriff des "aliquid quo nihil maius cogitari potest"[315], also des größtmöglich Denkbaren, als auch die Idee des mathematischen Punktes als dessen, worüber hinaus Kleineres nicht gedacht werden kann, Ideen sind, die auf ein Unbedingtes zielen. "Sie stellen jeweils verschiedene Anläufe der Vernunft dar, das schlechthin von nichts anderem Bedingte zu begreifen [...]".[316]

3.2.3 Die Elementarstruktur der Vernunft als universale Sinnfrage

Mit der Idee der reinen, absoluten Einfachheit bzw. Einheit taucht allerdings die Schwierigkeit auf, daß unsere Vernunft diese Idee nur dialektisch, d.h. in der Entgegensetzung zu anderem setzen kann. Auch die Idee des mathematischen Punktes ist noch eine, wenn auch laut Verweyen die "bestmögliche" Objektivierung der Idee der reinen Einfachheit, insofern sie zwar nicht aus der Vorstellung von Teilung generiert wird, dennoch aber hinter der Zweiheit von Objektivem, der noch zu teilenden Strecke, und Subjektivem, dem Streben der Vernunft nach der Unteilbarkeit, als "Indikator" für die Prägung unserer Vernunft durch die Idee des unbedingt Einfachen steht.[317] Selbst das Ich kann sich nur erfassen, indem es sich zum Gegenstand macht. Daraus darf nun jedoch nach Verweyen nicht, wie Hegel das tut, geschlossen werden, daß die ursprüngliche Einfachheit, die unsere Vernunft prägt, in sich selbst gegensätzlich und damit antithetisch verfaßt sei, da ansonsten überhaupt nicht zu erklären ist, warum unser unaufhebbar antithetisches Bewußtsein von dem Bedürfnis nach unbedingter

---

[314] Vgl. GlW, 197-200.
[315] Anselm v. Canterbury, Proslogion Cap. II, in: Opera omnia, 101, Z 8.
[316] GlW, 200f.
[317] Vgl Verweyen, Bildbegriff, 50.

Einheit geleitet wird.[318] Vielmehr ist durch die phänomenologische Veranschaulichung am Beispiel des mathematischen Punktes aufgewiesen, daß die Vernunft von der Idee unbedingter Einheit (bzw. des unbedingt Unendlichen) geprägt ist, ihrer eigenen antithetischen Struktur nach aber gleichzeitig vor das Problem gestellt wird, wie diese Einheit bei bleibender Differenz gedacht und vollzogen werden kann.

Damit hat Verweyen tatsächlich eine "universale"[319], eben sich aus der Vernunftstruktur selbst ergebende Sinnfrage expliziert, die nicht mehr von regionalen Verstehenshorizonten abhängig ist. Somit sind auch zugleich die beiden Fragerichtungen zur Beantwortung dieser Sinnfrage ausgemacht: Einerseits muß ein Begriff dafür bereitgestellt werden, wie die unbedingte Einheit trotz antithetischer Bewußtseinsstruktur gedacht werden kann, da ansonsten ganz auf der Linie des französischen Existentialismus menschliches Dasein nur als absurd bezeichnet werden kann. Andererseits muß die Frage dieser zwiespältigen Bewußtseinsstruktur aus dem absolut Einen beantwortet werden, um nicht doch der Gefahr zu unterliegen, den Gegensatz in die absolute Einheit selbst hineinzudenken.[320]

Von hier aus läßt sich noch eine kritische Anfrage Verweyens an Apels transzendentalpragmatisch aufgewiesene Affirmation der Idee einer idealen Kommunikationsgemeinschaft nachzeichnen. Apels Idee idealer Kommunikationsgemeinschaft enthält zwar ein Moment des Unbedingten, insofern sie über alle faktische Kommunikation hinaus antizipiert und erstrebt wird, die Unbedingtheit dieser Idee fällt aber in Apels Reflexion aus, obwohl sie, wie gezeigt, nicht zwangsläufig metaphysisch sondern durchaus retorsiv aufgegriffen werden kann.[321] Apels philosophische Prämisse der Unhintergehbarkeit der Sprache scheint aber auch hier jedweder Reflexion auf eine Unbedingtheitsstruktur im Wege zu stehen.

3.3 Der Bildbegriff als Begriff letztgültigen Sinns

3.3.1 Rational-immanente Auflösung scheinbarer Absurdität

Die erste Frage, die sich angesichts dieser universal aufgeworfenen Sinnfrage stellt, zielt in die Richtung, wie sich eine Auflösung der durch die

---

[318] Vgl. GlW, 199f.
[319] GlW, 201.
[320] Vgl. GlW, 201f.
[321] Vgl. GlW, 184.

Elementarstruktur der Vernunft vorgegebenen, anscheinend absurden Situation von Bestimmung durch eine unbedingte Idee der Einheit bei gleichzeitig bleibender Entgegensetzung überhaupt denken läßt. Gelingt es nicht, eine rationale Lösung für das Problem zu finden, wie unbedingte Einheit in bleibender Differenz auch nur gedacht werden kann, so ist diese Unbedingtheitsstruktur tatsächlich eine Art Götterfluch, wie Verweyen im Anschluß an den 'Mythos vom Sisyphos' konstatiert, und Camus' Qualifizierung menschlichen Geschicks als absurd letztlich berechtigt. Eine Rückfrage nach dem Woher dieses Fluchs der Unbedingtheitsprägung ist dann wirklich "vertane Zeit"[322].

Zur Lösung dieses Problems greift Verweyen auf den Bildbegriff Anselms sowie auf die Spätphilosophie Fichtes, allerdings unter Ausklammerung metaphysischer 'Einschüsse', zurück. Spätestens seit Descartes' Philosophie ergibt sich für das neuzeitliche Denken das Problem, wie die Kluft zwischen Subjekt und Objekt überwunden werden kann, zumal dieser die Subjekt-Objekt Relation in die fatale materialisierte und damit entfremdete Ge-genüberstellung einer 'res cogitans' zu einer 'res extensa' kleidet.[323] Die Überwindung dieser Kluft ist nach Verweyen nur dadurch möglich, daß ein Subjekt vollständig darin aufgeht, Bild oder Ausdruck des Gegenübers zu werden. Dieses "wechselseitige Zum-Bild-Werden" muß als streng reziprokes Freiheitsgeschehen gedacht werden, bei dem kein "stehender" Rest an zurückgehaltener Freiheit mehr übrigbleibt, da sonst unbedingte Einheit nicht erreicht werden kann.[324]

Zu diesem Bildbegriff als wechselseitigem Freiheitsgeschehen gelangt Verweyen unter Rückgriff auf Anselms Wesensbestimmung des Bildes im Zusammenhang seiner Trinitätslehre: "Verbum namque hoc ipsum quod verbum est aut imago, ad alterum est, quia non nisi alicuius verbum est aut imago"[325]. Verweyen übersetzt folgendermaßen: "[D]enn das Wort ist genau das, was es als Wort oder Bild ist, als Bezug auf ein anderes' (oder: einen anderen), weil es nur Wort oder Bild von irgendetwas (oder: von irgendjemandem) ist."[326] Obwohl also der Bildcharakter im wechselseitigen Bildwerden von Subjekten nur unter Zuhilfenahme von empirisch-metaphorischen Mitteln, etwa Spiegel oder Bild, expliziert werden kann, ist der Bildbegriff doch ein streng apriorischer Begriff, da das vollkommene Bild-Sein von etwas oder jemandem nicht aus empirisch Vorfindlichem abgeleitet, sondern nur als Selbstvollzug der Vernunft gedacht werden

---

[322] Verweyen, Bildbegriff, 51.
[323] Vgl. Med II, 6/AT VII, 27.
[324] GlW, 236f.
[325] Anselm v. Canterbury, Monologion Cap. 38, in: Opera omnia, 56, Z 24-26.
[326] GlW, 235f.

kann: "Der wahre Begriff des Bildes ist nur als die innerste Möglichkeit von Freiheit zu bergreifen, der Freiheit, sich selbst zu etwas zu machen, worin sie ganz aufgeht."[327]

Somit ist als Begriff letztgültigen Sinns der Bildbegriff aufgewiesen, insofern er die Herstellung unbedingter Einheit bei bleibender Differenz zwischen Subjekt und Subjekt dadurch ermöglicht, daß alle Vernunftwesen gegenseitig vollkommen darin aufgehen, das Selbst des anderen hervortreten zu lassen. In diesem Zusammenhang weist Verweyen darauf hin, daß auch für Camus das 'fremdartige Glück' absurder Existenz, von dem dieser spricht, und das Leid in der Perspektive universaler Solidarität nicht unversöhnt nebeneinander stehen müssen.[328] Auch wenn es philosophisch unausgemacht bleibt, ob dieses fremdartige Glück, d.h. in Verweyens Worten die unbedingte Einheit in Differenz, je real erreicht wird, so ist doch ein letztgültiger Sinnbegriff gewonnen, der dieses Ziel als zumindestens "nicht von vornher-ein rational unmöglich, weil mit einem prinzipiellen Widerspruch behaftet"[329] ausweist. Um zu einer solchen wechselseitigen Anerkennung von Freiheit zu gelangen, ist es allerdings auch nötig, daß das neuzeitliche Materieverständnis als "Medium des Machbaren"[330], das, ausgehend von Descartes' dualistischer res extensa-Bestimmung alles dessen, was nicht res cogitans ist, im Wissenschaftsverständnis des Logischen Empirismus bzw. des Kritischen Rationalismus unreflektiert als Extrakt einer instrumentalisierenden Vernunft weitertradiert wird[331], abgelegt wird. Materie darf nicht unter bloß quantitativen und funktionellen Gesichtspunkten einer theoretisch-instrumentellen Vernunft zu Zwecken der Beherrschung und Regulierung betrachtet werden, sondern muß in ihrer Medialität hervortreten, in dem sich das Geschehen interpersonaler Anerkennung vollzieht. Denn bereits in der Form menschlichen Leibes gehört sie ja zu den irreduziblen und unverzichtbaren Konstituentien der Individualität des Menschen.[332]

---

[327] GlW, 236.
[328] Vgl. Verweyen, Das fremdartige Glück absurder Existenz: Albert Camus, bes. 377-381.
[329] Ders., Glaubensverantwortung heute, 231.
[330] GlW, 239.
[331] Vgl. Kap. 2.2.2.1 dieser Arbeit.
[332] Vgl. GlW, 240.

3.3.2 'Anerkennung als Erscheinung des Absoluten'

An der Stelle, da nun ein letztgültiger Sinnbegriff im gegenseitigen Zum-Bild-Werden gewonnen ist, stellt Verweyen sich und seiner Konzeption die Frage, was menschliche Freiheit dazu veranlassen kann, ganz im Bild-Sein anderer Freiheit aufgehen zu wollen. Diese Frage ist eine Frage nach dem Wert menschlicher Freiheit. Damit ist nun allerdings gleichzeitig der Punkt erreicht, an dem die Frage nach der Herkunft der Bestimmung des Menschen durch eine Unbedingtheitsidee nicht nur sinnvoll, sondern zwingend notwendig wird, wenn ein unbedingtes Engagement der Freiheit für eine andere Freiheit aufgrund deren unbedingten Wertes nicht nur dezisionistisch bzw. intuitionistisch angenommen, sondern sinnkritisch begründet werden soll.[333]

Im Rückgriff auf die Struktur der dritten cartesischen Meditation und die über die Idee des mathematischen Punktes gewonnene Idee des unbedingt Einen, die nicht durch unendlichen Progreß generierbar ist, stellt Verweyen fest, daß diese Idee sinnvollerweise nur von dem unbedingt Einen selbst stammen kann. Diese Überlegung ist allerdings kein metaphysischer Existenzbeweis Gottes, sondern einzig eine sinnkritische, transzendentallogische Reflexion auf die Möglichkeitsbedingungen der Idee des Einen: "Aufweisbar ist nur, daß ohne Rückgang auf ein unbedingtes Sein das Woher der Elementarstruktur der Vernunft nicht zureichend erklärt werden kann."[334] Den hypothetischen Charakter dieses Existenzschlusses charakterisiert Verweyen auch als "hypothetisch-kategorischen Imperativ"[335].

Damit steht Verweyen nun in einem Problemkreis, der sich, von Plotin in aller Schärfe aufgeworfen, durch die gesamte Philosophiegeschichte zieht, der Frage nämlich, wie das Sein des unbedingt Einen, also unbedingtes Sein, und menschliches, bedingtes Sein nebeneinander gedacht werden können, ohne daß das Unbedingte dadurch seine Unbedingtheit einbüßt und ohne daß das Bedingte weder unbedingt noch bloßer Schein wird. Verweyen betrachtet einzig den von Fichte im Entwurf der Wissenschaftslehre ab 1804 vertretenen und schließlich 1810 entfalteten Lösungsansatz als begrifflich zufriedenstellende Lösung, wenngleich er darauf aufmerksam macht, daß der zugrundeliegende Begriff bereits von Anselm von Canterbury im Umfeld des trinitarischen Zueinanders von Vater und Logos vorweggenommen ist.[336] Fichtes begriffliche Fassung des Problems sieht folgendermaßen aus:

---

[333] Vgl. GlW, 241.
[334] Verweyen, Bildbegriff, 58.
[335] Ebd..
[336] Vgl. GlW 245f. Vgl. auch Kap. 3.3.1 dieser Arbeit.

"Nur Eines ist schlechthin durch sich selbst: Gott, und Gott ist nicht der todte Begriff, den wir soeben ausgesprochen, sondern er ist in sich selbst lauter Leben. Auch kann dieser nicht in sich selbst sich verändern und bestimmen, und zu einem anderen Seyn machen; denn durch sein Seyn ist alles sein Seyn und alles mögliche Seyn gegeben, und es kann weder in ihm, noch ausser ihm ein neues Seyn entstehen. Soll nun das Wissen dennoch seyn, und nicht Gott selbst seyn, so kann es, da nichts ist denn Gott, doch nur Gott selbst seyn, aber ausser ihm selber, Gottes Seyn ausser seinem Seyn; seine Aeusserung, in der er ganz sey, wie er ist, und doch in ihm selbst auch ganz bleibe, wie er ist. Aber eine solche Aeusserung ist ein Bild oder Schema."[337]

Das bedingte Sein kann folglich nur dann wirklich und nicht bloßer Schein sein, wenn es das Andere des unbedingten Seins selbst in seinem Dasein ist, da das unbedingte Sein außerhalb seiner selbst nicht sein In-sich-selber-Sein sein kann, sondern nur Erscheinung oder Bild seiner selbst. Verweyen interpretiert diese Lösung dahingehend, daß nur eine Freiheit dieses Bild-Sein erfüllen kann, da sie sich ganz als dieses Bild Gottes verstehen und darauf zielen kann, vollkommen in diesem Bild-Sein des Unbedingten aufzugehen: "Wenn ein unbedingtes Sein wirklich ist - und nur über diese Einsicht wird das Geprägtsein der Vernunft durch ein Unbedingtes verständlich - so kann es 'außerhalb' des unbedingten Seins allein sein Bild oder Erscheinen geben, und das ist nur im Akt einer Freiheit möglich, die sich ganz zum Bild des Unbedingten macht"[338]; denn was kann unbedingte Freiheit in ihrer veräußerlichten Form anderes sein als Freiheit und was außer Freiheit kann ganz darin aufgehen, Bild absoluter Freiheit zu werden?

Aus dieser Bestimmung der Freiheit ergibt sich allerdings das Problem, daß damit nicht nur der Begriff der Wahlfreiheit, der sich in der scheinbaren Fähigkeit abzeichnet, sich einer Welt aus An-sich-Seienden gegenüber zu stellen und sich dieses verobjektiviert Seiende handhabbar zu machen[339], sondern auch der als apodiktische Seinsgewißheit wider allen Zweifel gefaßte Freiheitsbegriff der Autonomie letztlich als Schein erweist.[340] Andererseits zeichnet sich bereits mit dem Begriff von Freiheit, die ihr Wesen darin sieht, in der Anerkennung anderer Freiheit völlig aufzugeben, eine Überwindung der aporetischen Situation der Freiheit ab, die

---

[337] Fichte, Die Wissenschaftslehre in ihrem allgemeinen Umriß (1810), in: Sämtliche Werke II, 696.
[338] Verweyen, GlW, 246f.
[339] Vgl. das zum Vernunftbegriff des Kritischen Rationalismus im vorigen Kapitel Gesagte.
[340] Vgl. GlW, 251.

sich zwar ihrer selbst gewiß ist, aber in jedem Engagement sonst an ihrer Grenze auf eine ihr nicht adäquate Ungewißheit von anderer Freiheit stieße und somit in die bereits bekannte Absurdität verfiele.
Mit dem Begriff der Freiheit als Bild des Absoluten zeigt sich nun darüber hinaus, daß das sich selbst gewisse Ich kein An-sich-Seiendes ist, sondern seine ganze autonome Bestimmung reine "Möglichkeitsbedingung für Erscheinung des Unbedingten"[341] ist. Darin spiegelt sich laut Verweyen der kantische Freiheitsbegriff verstanden als "notwendige Möglichkeitsbedingung zur Erfüllung eines unbedingten Sollens"[342] wider. Verweyen spielt dabei auf das bekannte und eindrucksvolle Beispiel Kants an, da ein Mensch von seinem Fürsten unter Androhung der Todesstrafe aufgefordert wird, wider einen ehrlichen und unschuldigen Mann falsches Zeugnis abzulegen. In dieser Situation steht der Lebenstrieb, die sicherlich stärkste Triebfeder menschlichen Lebens, gegen den inneren Sollensanspruch der Moralität. Kant führt weiter dazu aus: "[...] ob er da, so groß auch seine Liebe zum Leben sein mag, sie wohl zu überwinden für möglich halte. Ob er es tun würde, oder nicht, wird er vielleicht sich nicht getrauen zu versichern; daß es ihm gar möglich sei, muß er ohne Bedenken einräumen. Er urteilet also, daß er etwas kann, darum, weil er sich bewußt ist, daß er es soll, und erkennt in sich die Freiheit, die ihm sonst ohne das moralische Gesetz unbekannt geblieben wäre."[343] Allerdings steckt in Verweyens Freiheitsbegriff der Vernunft als Bild des Unbedingten der Sollensanspruch nicht in der Form eines 'perennierenden Strebens', das Kants Postulat der Unsterblichkeit der Seele zugrunde liegt[344], sondern in Form einer restlosen Erfüllbarkeit, die sich aus seinem Bild-Sein des Unbedingten ergibt und kein in sich stehendes Sein der Freiheit übrig läßt.[345]
Wie sind nun aber absolute Freiheit, endliche Freiheit und Sinnenwelt zusammenzudenken? Verweyen fügt die beiden Arbeitsgänge einfachhin zusammen. Der rein immanent erarbeitete Begriff letztgültigen Sinns, daß Einheit in bleibender Differenz von Freiheiten dann denkbar ist, wenn menschliche Freiheit völlig darin aufgeht, Bild anderer Freiheit zu werden, schließt da, wo endliche Freiheit sich nur noch als Bild unbedingter Freiheit verstehen kann, ein, daß im wechselseitigen Prozeß der Anerkennung das Absolute selbst zur Erscheinung gelangt. "Wenn alle Freiheit einzig dazu da ist, Bild des unbedingten Seins zu werden, dann bedeutet dies, dafür da zu sein, daß alle wirkliche oder mögliche Freiheit *als Bild des Un-*

---

[341] GlW, 252.
[342] GlW, 250.
[343] Kant, Kritik der praktischen Vernunft, A 54.
[344] Vgl. a.a.O., A 219 - A 223.
[345] Vgl. GlW, 250f.

bedingten ans Licht kommen kann. Denn nur wenn allseitig im Einander-Erkennen von freien Subjekten nichts als das Bild des unbedingten Seins zutage tritt, kann bei dem unaufgebbaren Gegensatz von 'Subjekt' und 'Objekt' unbedingte Einheit wirklich erscheinen."[346]
Die Materie ist in diesem wechselseitigen Ans-Licht-Bringen des tiefsten Selbst und damit zugleich Gottes einerseits das Medium, in dem dieser Prozeß geschieht und muß insofern ganz im Zeichen dieses Geschehens stehen.[347] Andererseits gewinnt nichtpersonales, d.h. pflanzliches und tierisches Leben einen gewissen Selbststand, der sich aus seiner Bildhaftigkeit des Unbedingten auf dem Weg zum vollendeten Bild personaler Freiheit ergibt. Damit eröffnet sich gleichzeitig eine neue, weder funktionalistische noch asketisch-züchtigende Perspektive im Umgang mit der Leiblichkeit des anderen Menschen wie auch des eigenen Leibs "als Ansage des Wortes, das im Fleisch das unbedingte Sein zur Erscheinung kommen läßt"[348].
Darüber hinaus ließe sich mit Verweyen aus dem ermittelten Begriff letztgültigen Sinns eine trinitarische Interpretation des unbedingt einfachen Seins aufweisen. Der Bildbegriff, der nicht von der endlichen Freiheit selbst hervorgebracht werden kann, begegnet der Freiheit als unbedingter Sollensanspruch. Kann dieser Bildbegriff aber von der Vernunft nicht aus eigener Kraft entwickelt werden, so ist es gar nicht anders erklärbar, als daß er durch ein früheres vollendetes Wort des absoluten Seins, eine Selbstentäußerung Gottes, den Logos eben, in unserer Vernunft entspringt, wobei diese ursprünglichere Differenz im unbedingt Einen selbst umfangen und versöhnt sein muß, da sonst unsere Vernunftprägung durch den Begriff der Einheit nicht mehr erklärbar wäre.[349]
Zusammenfassend ist noch einmal festzuhalten: Durch die transzendentallogische Sicherung apodiktischer Selbstgewißheit und den erstphilosophisch erarbeiteten, weil durch die Elementarstruktur der Vernunft vorgegebenen Bildbegriff als Begriff letztgültigen Sinns kann sich endliche Vernunft sinnkritisch, will sie nicht völlige Absurdität des Daseins oder, in dezisionistischer Befangenheit, unbedingten Wert von Freiheit einfach nur annehmen, nur als Erscheinung absoluter Freiheit verstehen. Damit ist zugleich die kantische Sollensevidenz erstphilosophisch gegen jegliche sprachphilosophischen und hermeneutischen 'Einschüsse' abgesichert. Auch in der Befangenheit von Sprache und Tradition bleibt der Sollensanspruch des moralischen Gesetzes, oder, wie sich mit Verweyen sagen läßt, des Willens Gottes, Bild des Absoluten zu werden, indem das Ich

---

[346] GlW, 252.
[347] Vgl. Kap. 3.3.1 der vorliegenden Arbeit.
[348] GlW, 253.
[349] Vgl. GlW, 254f.

vollkommen in der Anerkennung anderer Freiheit aufgeht, weil dieses Sich-in-Anspruch-genommen-wissen von endlicher Freiheit im Begriff des Bild-Werdens immer schon angetroffen wird.

4. Fundamentale Gewißheit statt Fundamentalismus und Pluralismus

Mit Verweyens erstphilosophisch ermittelten, letztgültigen Sinnbegriff, daß eine sich als Bild des Absoluten verstehende Vernunft zu letztgültigem Sinn gelangen kann, wenn sie im Bildsein für die/den Andere(n) restlos aufgeht, so daß Gott in unserer Welt zur Erscheinung kommt, läßt sich auch der ganz zu Beginn durch die postmoderne Philosophie aufgeworfenen Herausforderung begegnen. Das hermeneutische und postmoderne Anliegen der Befreiung von jeglichen totalitären Zwängen, sei es aus Tradition, Institution oder der Vernunft selbst, und der Wertschätzung des Anderen und Differenten gewinnt erst durch einen erstphilosophisch gesicherten Begriff der Vernunft Geltungskriterien für die je konkrete Situation. Nicht durch eine transversale Vernunft, verstanden als Offenhaltung, aber auch nicht durch eine unhintergehbar prozedural verfaßte Vernunft läßt sich eine universale Offenheit für den je Anderen sichern, da dadurch der Selbstand der Vernunft zerfließt. Einzig möglich scheint dies von einem Selbstverständnis der Vernunft, die sich in tiefer Überzeugung als Bild Gottes begreift und dadurch zugleich den Anspruch an sich erfaßt, ganz darin aufzugehen, dem Anderen und Fremden unter Aufbietung aller Kraft zu sich selbst zu verhelfen. Dadurch lassen sich mit Verweyen überhaupt erst begriffliche Kriterien für eine authentische Kommunikation erstellen: "Der „Universalitätsanspruch der Hermeneutik" gewinnt auf dieser Grundlage sein Recht wie einen unhintergehbaren gültigen Vorbegriff für das, was „hermeneutisches Verstehen" im Prinzip sein könnte: ein unabschließbar unendlicher Prozeß gegenseitiger Anerkennung ohne Vorbehalt für eine falsch verstandene Restdomäne individueller Autarkie."[350]

Natürlich ist kommunikatives Handeln, und das heißt die auf die Anerkennung des Anderen in seinem unbedingten Wert gerichtete Verständigung, auch für den Nichtgläubigen möglich, und insofern gibt es auch eine agnostizistische oder atheistische Kommunikationsethik, doch bleibt der Grund für eine derartige Einstellung eine dezisionistische oder intuitionistische Haltung im Hinblick auf den Wert des Gegenübers. Die diskurstheoretische Folgerung der Anerkennung des Anderen aus den allgemeinen Kommunikationsvoraussetzungen führt nur zu einer negativen Bestimmung. Ich kann mich der Kommunikation nicht verweigern, ohne mich, konsequent bedacht, selbst zu negieren. Diese begriffliche Fassung reicht allerdings nicht aus, mich selbst restlos in den Prozeß des Verstehens, Ans-

---

[350] Verweyen, Schwerpunkte der zeitgenössischen Theologie, 14.

Licht-Bringens und somit Anerkennens des Andern begründet einzubringen.
Die Gefahr totalitärer Intoleranz besteht natürlich auch immer für den Gottesgläubigen respektive den Christen, doch kann sich eine derartige Intoleranz, seines Zeichens religiöser Fanatismus und Fundamentalismus, nicht auf die Vernunft und, insofern die hier dargebotene Bildkonzeption im Prozeß gegenseitiger Anerkennung auch der innersten Mitte christlicher Botschaft entspricht, was allerdings eigens nachzuweisen wäre[351], auch nicht auf die christliche Offenbarung berufen. Es läßt sich darüber hinaus sogar vermuten, daß, psychologisch betrachtet, ein Mensch ohne tiefe Überzeugung, die erstphilosophisch vor der Vernunft ausweisbar ist, viel eher einem Dogmatismus der Unantastbarkeit und Unbeanspruchbarkeit im postmodernen Gewande oder einem Fundamentalismus, der totalitärmissionarisch die eigene Verunsicherung überdeckt, verfällt als der um die stete Vergewisserung seiner Überzeugung bemühte erstphilosophische Denker nicht nur christlicher Provenienz.

---

[351] Vgl. GlW, Teil II, 285-480.

Abkürzungsverzeichnis

AT : Seitenpaginierung der Meditationes nach der Standardausgabe von Adam und Tannery

DpW : Jean-François Lyotard, Das postmoderne Wissen

EfM : Paul Feyerabend, Erkenntnis für freie Menschen

GIW : Hansjürgen Verweyen, Gottes letztes Wort

LdF : Karl R. Popper, Logik der Forschung

Med : René Descartes, Meditationes de prima philosophia

PhU : Ludwig Wittgenstein, Philosophische Untersuchungen

UP : Jürgen Habermas, Was heißt Universalpragmatik?

UpM : Wolfgang Welsch, Unsere postmoderne Moderne

VB : Jürgen Habermas, Vorbereitende Bemerkungen zu einer Theorie der kommunikativen Kompetenz

WM : Paul Feyerabend, Wider den Methodenzwang

Wt : Jürgen Habermas, Wahrheitstheorien

Literaturverzeichnis

Hans **ALBERT**, Traktat über kritische Vernunft, 3. erweiterte Auflage Tübingen (1968) 1975.

Gunnar **ANDERSSON**, Feyerabends Kritik des kritischen Rationalismus, in: Hans Peter Duerr (Hg.), Versuchungen. Aufsätze zur Philosophie Paul Feyerabends Band 2, Frankfurt am Main 1981, 159-174.

ANSELM v. Canterbury, Monologion, in: Opera omnia, ed. fecit Franciscus Salesius Schmitt, Volumen Primum, Stuttgart/Bad Cannstatt 1968, 1-87 (unveränderter Nachdruck der Edinburgher Ausgabe).

Ders., Proslogion, in: Opera omnia, a.a.O., 89-122.

Ders., Proslogion. Untersuchungen, lateinisch-deutsche Ausgabe, hrsg. und mit einer Einführung versehen von Franciscus Salesius Schmitt, Stuttgart/Bad Cannstatt 1962.

Karl-Otto **APEL**, Das Apriori der Kommunikationsgemeinschaft und die Grundlagen der Ethik. Zum Problem einer rationalen Begründung der Ethik im Zeitalter der Wissenschaft, in: Ders., Transformation der Philosophie Band 2 (stw 165), Frankfurt am Main (1976) ^{4}1988 (zuvor 1973), 358-435. Ausarbeitung eines Vortrags im Institut für Wissenschaftstheorie der Universität Göteborg (1967).

Ders., Das Leibapriori der Erkenntnis. Eine Betrachtung im Anschluß an Leibnizens Monadenlehre, in: Archiv für Philosophie 12 (1963), 152-173.

Ders., Das Problem der philosophischen Letztbegründung im Lichte einer transzendentalen Sprachpragmatik. Versuch einer Metakritik des „kritischen Rationalismus", in: B. Kanitschneider (Hg.), Sprache und Erkenntnis. Festschrift für G. Frey, Innsbruck 1976, 55-82.

Ders., Der transzendentalhermeneutische Begriff der Sprache, in: Ders., Transformation der Philosophie Band 2, a.a.O., 330-357. Erweiterte Fassung des Artikels »Sprache« in: H. Krings u.a.(Hg.), Handbuch Philosophischer Grundbegriffe, München 1972.

Ders., Die Herausforderung der totalen Vernunftkritik und das Programm einer philosophischen Theorie der Rationalitätstypen, in: CONCORDIA (Internationale Zeitschrift für Philosophie) 11 (1987), 2-23.

Ders., Einleitung: Transformation der Philosophie, in: Ders., Transformation der Philosophie Band 1 (stw 164), Frankfurt am Main (1976) ⁴1991 (zuvor 1973), 9-76.

Ders., Sprache als Thema und Medium der transzendentalen Reflexion. Zur Gegenwartssituation der Sprachphilosophie, in: Ders., Transformation der Philosophie Band 2, 311-329. Ausarbeitung eines Vortrags im Rahmen des XIV. Internationalen Kongresses für Philosophie, Wien 1968. Zuerst publiziert in: Akten ... Bd. III, Wien 1969, 417-429.

Ders., Sprechakttheorie und transzendentale Sprachpragmatik zur Frage ethischer Normen, in: ders. (Hg.), Sprachpragmatik und Philosophie (stw 375), Frankfurt am Main 1982 (zuerst 1976), 10-173.

Ders., Szientistik, Hermeneutik, Ideologiekritik. Entwurf einer Wissenschaftslehre in erkenntnisanthropologischer Sicht, in: Ders., Transformation der Philosophie Band 2, 96-127. Ausarbeitung eines Vortrags im Institut für Wissenschaftstheorie der Universität Göteborg (1966). Zuerst publiziert in: Wiener Jahrbuch für Philosophie Bd. I (1968), 15-45.

Ders., Von Kant zu Peirce. Die semiotische Transformation der Transzendentalen Logik, in: Ders., Transformation der Philosophie Band 2, 157-177. Vortrag »From Kant to Peirce«, in: L.W. Beck (ed.), Proceedings of the Third International Kant Congress (1970), Dordrecht-Holland 1972, 90-104.

Ders., Zur Idee einer transzendentalen Sprach-Pragmatik. Die Dreistelligkeit der Zeichenrelation und die „abstractive fallacy" in den Grundlagen der klassischen Transzendentalphilosophie und der sprachanalytischen Wissenschaftslogik, in: Josef Simon (Hg.), Aspekte und Probleme der Sprachphilosophie, Freiburg i.Br. 1974, 283-326.

Ulrich **BECK**, Die Erfindung des Politischen. Zu einer Theorie reflexiver Modernisierung (st 1780), Frankfurt am Main 1993.

Ders., Risikogesellschaft. Auf dem Weg in eine andere Moderne (st 1365), Frankfurt am Main 1986.

Ulrich **BECK**/Elisabeth **BECK-GERNSHEIM**, Das ganz normale Chaos der Liebe (st 1725), Frankfurt am Main 1990.

Dies., Nicht Autonomie, sondern Bastelbiographie. Anmerkungen zur Individualisierungsdiskussion am Beispiel des Aufsatzes von Günter Burkart, in: Zeitschrift für Soziologie 22 (1993) Heft 3, 178-187.

Wolfgang **BEINERT** (Hg.), »Katholischer« Fundamentalismus. Häretische Gruppen in der Kirche?, Regensburg 1991.

René **DESCARTES**, Meditationes de prima philosophia, lateinisch - deutsch (Philosophische Bibliothek 250a), 3. Auflage mit neuem Register und Auswahlbibliographie versehen von George Heffernan, Hamburg (1956) 1992.

Paul **FEYERABEND**, Der wissenschaftstheoretische Realismus und die Autorität der Wissenschaften. Ausgewählte Schriften - Band 1, Braunschweig/Wiesbaden 1978, 205-248. Zuerst publiziert als: Ders, Von der beschränkten Gültigkeit methodologischer Regeln, in: Neue Hefte für Philosophie, Heft 2/3 (1972), 124-171.

Ders., Erkenntnis für freie Menschen, Frankfurt am Main (1979) ²1979.

Ders., Erkenntnis für freie Menschen. Veränderte Ausgabe, Frankfurt am Main (1980) ²1981.

Ders., Wider den Methodenzwang. Skizze einer anarchistischen Erkenntnistheorie, Frankfurt am Main 1976.

Johann Gottlieb **FICHTE**, Die Anweisung zum seligen Leben (1806), dritte durchgesehene Auflage (PhB 234). hrsg. und eingeleitet von Hansjürgen Verweyen, Hamburg 1983.

Ders., Wissenschaftslehre in ihrem allgemeinen Umriß (1810), in: Sämtliche Werke Band II, hrsg. von Immanuel Herrmann Fichte, Berlin 1845, 693-709.

Michel **FOUCAULT**, Die Ordnung des Diskurses. Erweiterte Ausgabe (Fischer Wissenschaft 1490), Frankfurt am Main (1991) 1994. Titel der Originalausgabe: L'ordre du discours, Paris 1972.

Hans-Georg **GADAMER**, Wahrheit und Methode. Grundzüge einer philosophischen Hermeneutik, 2. durch einen Nachtrag erweiterte Auflage Tübingen (^{1}1960) 1965.

Helmut **GIPPER**, Das Sprachapriori. Ein Ergänzungsvorschlag zur Erkenntnistheorie Karl-Otto Apels, in: Wolfgang Kuhlmann/Dietrich Böhler (Hg.), Kommunikation und Reflexion. Zur Diskussion der Transzendentalpragmatik. Antworten auf Karl-Otto Apel (stw 408), Frankfurt am Main 1982, 221-239.

Jürgen **HABERMAS**, Analytische Wissenschaftstheorie und Dialektik. Ein Nachtrag zur Kontroverse zwischen Popper und Adorno, in: Ernst Topitsch (Hg.), Logik der Sozialwissenschaften, Köln/Berlin (1965) ^{7}1971, 291-311. Zuerst publiziert in: Max Horkheimer (Hg.), Zeugnisse. Theodor W. Adorno zum 60. Geburtstag, Frankfurt am Main 1963, 473-501.

Ders., Aspekte der Handlungsrationalität (1977), in: Ders., Vorstudien und Ergänzungen zur Theorie des kommunikativen Handelns, Frankfurt am Main 1984, 441-472.

Ders., Der Universalitätsanspruch der Hermeneutik, in: Karl-Otto Apel u.a., Hermeneutik und Ideologiekritik, Frankfurt am Main 1971, 120-159. Zuerst publiziert in: Rüdiger Bubner u.a. (Hg.), Hermeneutik und Dialektik I. Festschrift für Hans-Georg Gadamer, Tübingen 1970, 73-104.

Ders., Die Krise des Wohlfahrtsstaates und die Erschöpfung utopischer Energien, in: Ders., Die neue Unübersichtlichkeit. Kleine politische Schriften Band V (es 1321 - NF 321), Frankfurt am Main 1985, 141-163.

Ders., Die Moderne - ein unvollendetes Projekt, in: Wolfgang Welsch (Hg.), Wege aus der Moderne. Schlüsseltexte der Postmoderne-Diskussion, Weinheim 1988, 177-192. Zuerst publiziert in: Jürgen Habermas, Kleine politische Schriften Band I-IV, Frankfurt am Main 1981, 444-464.

Ders., Dogmatismus, Vernunft und Entscheidung - Zu Theorie und Praxis in der verwissenschaftlichten Zivilisation, in: Ders., Theorie und Praxis. Sozialphilosophische Studien (POLITICA Bd. 11), Neuwied am Rhein/Berlin 1963, 231-257.

Ders., Erkenntnis und Interesse. Mit einem neuen Nachwort (stw 1), Frankfurt am Main (1973) ⁹1991. Zuerst publiziert als: Ders., Erkenntnis und Interesse, Frankfurt am Main 1968.

Ders., Erkenntnis und Interesse, in: Technik und Wissenschaft als "Ideologie", Frankfurt am Main (1968) ⁵1971, 146-168. Zuerst publiziert in: Merkur, Jg. XIV (1965) Heft 213, 1139-1153.

Ders., Erläuterungen zum Begriff des kommunikativen Handelns (1982), in: Ders., Vorstudien und Ergänzungen zur Theorie des kommunikativen Handelns, Frankfurt am Main 1984, 571-606.

Ders., Gegen einen positivistisch halbierten Rationalismus, in: Ders., Zur Logik der Sozialwissenschaften. Materialien, Frankfurt am Main 1970, 39-70. Zuerst publiziert in: Kölner Zeitschrift für Soziologie und Sozialpsychologie 16 (1964) Heft 4, 636-659.

Ders., Replik auf Einwände (1980), in: Ders., Vorstudien und Ergänzungen zur Theorie des kommunikativen Handelns, Frankfurt am Main 1984, 475-570.

Ders., Vorbereitende Bemerkungen zu einer Theorie der kommunikativen Kompetenz, in: Jürgen Habermas/Niklas Luhmann, Theorie der Gesellschaft oder Sozialtechnologie - Was leistet die Systemforschung?, Frankfurt am Main 1971, 101-141.

Ders., Wahrheitstheorien, in: Helmut Fahrenbach (Hg.), Wirklichkeit und Reflexion. Walter Schulz zum 60. Geburtstag, Pfullingen 1973, 211-265.

Ders., Was heißt Universalpragmatik?, in: Karl-Otto Apel (Hg.), Sprachpragmatik und Philosophie (stw 375), Frankfurt am Main 1982 (zuvor 1976), 174-272.

Ders., Zu Gadamers >Wahrheit und Methode<, in: Karl-Otto Apel u.a., Hermeneutik und Ideologiekritik, Frankfurt am Main 1971, 45-56.

Rolf **HERKEN**, »Erkenntnistheorie«, in: Hans Peter Duerr (Hg.), Versuchungen Band 2, a.a.O., 224-230.

Martin **HEIDEGGER**, Einführung in die Metaphysik, Tübingen ³1966.

Willy **HOCHKEPPEL**, Paul K. Feyerabend und die Wahrheit, in: Hans Peter Duerr (Hg.), Versuchungen Band 2, a.a.O., 284-297.

Immanuel **KANT**, Kritik der praktischen Vernunft, hrsg. von Wilhelm Weischedel (Werkausgabe Bd. VII - stw 56), Frankfurt am Main (1974) ^{12}1993.

Ders., Kritik der reinen Vernunft, hrsg. von Wilhelm Weischedel (Werkausgabe Bd. III und IV - stw 55), Frankfurt am Main (1974) ^{12}1992.

Wolfgang **KERSTING**, Die Liberalismus-Kommunitarismus-Kontroverse in der amerikanischen politischen Philosophie, in: Volker Gerhardt/Henning Ottmann/Martyn P. Thompson (Hg.), Politisches Denken, Jahrbuch 1991.

Imre **LAKATOS**, Falsifikation und die Methodologie wissenschaftlicher Forschungsprogramme, in: Imre Lakatos/Alan Musgrave (Hg.), Kritik und Erkenntnisfortschritt. Abhandlungen des Internationalen Kolloquiums über die Philosophie der Wissenschaft London 1965 Band 4, Braunschweig 1974, 89-189. Englische Originalausgabe: Criticism and the Growth of Knowledge, London 1970.

Hans **LENK**, Feyerabend oder Feierabend für die Erkenntnistheorie?, in: Hans Peter Duerr (Hg.), Versuchungen Band 2, a.a.O., 26-41.

Ders., Philosophische Logikbegründung und Rationaler Kritizismus, in: Zeitschrift für philosophische Forschung 24 (1970), 183-205.

Jean-François **LYOTARD**, Beantwortung der Frage: Was ist postmodern?, in: Wolfgang Welsch (Hg.), Wege aus der Moderne. Schlüsseltexte der Postmoderne-Diskussion, Weinheim 1988, 193-203. Zuerst publiziert in: Tumult Heft 4 (1982), 131-142.

Ders., Das postmoderne Wissen. Ein Bericht, hrsg. von Peter Engelmann, Graz/Wien (1986) ^{3}1994. Französische Originalausgabe: La Condition postmoderne. Rapport sur le savoir, Paris 1979.

Ders., Die Moderne redigieren, in: Wolfgang Welsch (Hg.), Wege aus der Moderne, Weinheim 1988, 204-214.

Joseph **MARGOLIS**, Wissenschaftliche Methoden und Feyerabends Plädoyer für den Anarchismus, in: Hans Peter Duerr (Hg.), Versuchungen Band 2, a.a.O., 42-64.

Thomas **MEYER**, Fundamentalismus. Aufstand gegen die Moderne, Reinbek bei Hamburg 1989.

Helmut **PEUKERT**, Wissenschaftstheorie - Handlungstheorie - Fundamentale Theologie. Analysen zu Ansatz und Status theologischer Theoriebildung (stw 231), Frankfurt am Main (1978) ²1988.

PLATON, Phaidon, griechisch - deutsch, nach der Übersetzung Friedrich Schleiermachers, ergänzt durch Übersetzungen von Franz Susemihl u.a., herausgegeben von Karlheinz Hülser (Sämtliche Werke IV - it 1404), Frankfurt am Main und Leipzig 1991.

Ders., Theaitetos, griechisch - deutsch, nach der Übersetzung Friedrich Schleiermachers, ergänzt durch Übersetzungen von Franz Susemihl u.a., herausgegeben von Karlheinz Hülser (Sämtliche Werke VI - it 1406), Frankfurt am Main und Leipzig 1991.

Thomas **PRÖPPER**, Erstphilosophischer Begriff oder Aufweis letztgültigen Sinnes?. Anfragen an Hansjürgen Verweyens »Grundriß der Fundamentaltheologie«, in: Theologische Quartalschrift 174 (1994) Heft 4, 272-287.

Hans-Joachim **TÜRK**, Postmoderne (Reihe Unterscheidung), Mainz/Stuttgart 1990.

Karl R. **POPPER**, Die offene Gesellschaft und ihre Feinde. Band II Falsche Propheten. Hegel, Marx und die Folgen, Bern 1958.

Ders., Logik der Forschung, 3. vermehrte Auflage Tübingen (1935) 1969.

Ders., Objektive Erkenntnis. Ein evolutionärer Entwurf, Hamburg 1973. Englische Originalausgabe: Objective Knowledge, Oxford 1972.

Albrecht **WELLMER**, Methodologie als Erkenntnistheorie. Zur Wissenschaftslehre Karl R. Poppers, Frankfurt 1967.

Wolfgang **WELSCH**, Einleitung, in: ders. (Hg.), Wege aus der Moderne. Schlüsseltexte der Postmoderne-Diskussion, Weinheim 1988, 1-43.

Ders., Unsere postmoderne Moderne, 3. durchgesehene Auflage Weinheim 1991.

Ludwig **WITTGENSTEIN**, Philosophische Untersuchungen, durchgesehen von Joachim Schulte (Werkausgabe Band I - stw 501), Frankfurt am Main (1984) ⁹1993, 225-618.

Hansjürgen **VERWEYEN**, Bildbegriff und transzendentale Sinnreflexion, in: Gerhard Larcher (Hg.), Symbol - Mythos - Sprache. Ein Forschungsgespräch, Annweiler 1988, 43-58.

Ders., Das fremdartige Glück absurder Existenz: Albert Camus, in: Klaus Held/Jochem Hennigfeld (Hg.), Kategorien der Existenz. Festschrift für Wolfgang Janke, Würzburg 1993, 365-381.

Ders., Der Weltkatechismus. Therapie oder Symptom einer kranken Kirche?, Düsseldorf 1993.

Ders., Glaubensverantwortung heute. Zu den »Anfragen« von Thomas Pröpper, in: Theologische Quartalschrift 74 (1994) Heft 4, 288-303.

Ders., Gottes letztes Wort. Grundriß der Fundamentaltheologie, Düsseldorf (1991) ²1991.

Ders., Maurice Blondels Philosophie der Offenbarung im Horizont «postmodernen» Denkens, in: Archivio Di Filosofia LXII (1994), 423-437.

Ders., Schwerpunkte der zeitgenössischen Theologie: Zur philosophischen Vermittlung des "Ein-für-allemal" Jesu Christi, 1-15 (bislang unveröffentlichtes Manuskript).

www.ingramcontent.com/pod-product-compliance
Lightning Source LLC
Chambersburg PA
CBHW021715230426
43668CB00008B/844